How's Nippon?

"What the pros had to say will surprise you!"

CHIHARA SEIJI

ニッポンどうなん？

プロに訊いたら驚いた！

千原せいじ

はじめに

僕、千原せいじは今日も「がさつ」なままです。

相変わらず赤の他人でも外国人でも一方的にどんどん打ち解けるし、よく「馴れ馴れしい」とか「空気を読まへん奴」とも言われます。もともとの性格ですから変えようもないのですが、おかげさまで、そんなキャラクターを面白がってくれる人もいて、芸人としての仕事にもつながっています。

ここ何年かは、海外ロケに行く機会も多くいただいていて、1カ月に1回はどこかの国に行くような生活を続けています。外国語なんてほとんどしゃべれませんが、この性格のおかげで、どんな国に行っても不自由を感じたことはありません。

ただ、何度も海外に行くうちに、これまで日本で暮らしてきて当たり前だと思っていたことが、当たり前じゃないことに気づかされるようになりました。言葉や生活だけではなく、文化、政治、経済といったさまざまな場面で、日本の常識と世界の常識の違いを思い知らされるわけです。

でも、違いがあるのは当たり前ですよね。

たとえば、日本での僕は自他ともに認める「がさつ」な人間ですが、海外に行くとそれほど特別ではなくなります。世界では誰もが普通に自己主張をしてくるし、他人の目を気にするより、自分がどう思うかを優先する人が圧倒的に多いんです。自分がやりたいこと、思っていることをどんどん口にしなければ、誰も気にかけてくれないし、友達になることだってできません。日本では「がさつ」な僕も、国際的に見れば、どこにでもいるごく一般的な人間になるわけです。

日本人はシャイで謙虚な国民性と言われます。現代の社会でも「和をもって尊しとなす」という考え方が根付いていて、今風に言えば、場の空気を読んで周囲と調和し、同調するのがよしとされている。確かに美徳かもしれません。

でも、それって本当にいいことなんか？

海外では、どんな場所に行っても、たいてい最初にこう聞かれます。

「お前はどこから来たんだ？　日本ってどんな国なんだ？」

その次に、「お前は、どんな人間なんだ」となるのですが、こう聞かれると困ってしまうのです。

「ええ国やで！　今度はお前が遊びに来いや！」

たいていはこんな風に答えるし、その言葉に嘘はありません。

でも、自分自身のことなら何時間でもしゃべれる僕も、改めて日本のことを聞かれると、意外に知らないものです。仕事や生活のために日々のニュースは見ていますが、わからなかったり疑問に思うことがあっても、モヤモヤを抱えたままやり過ごしてしまうことも少なくありません。そんな経験をするうちに考えるようになったのが、自分が生まれ育った日本の「本当の姿」です。

日本っていったいどんな国なんだろう。

僕にとって、知らないことはちっとも恥ずかしいことではありません。でも、知ったかぶりをしたり、そのまま無関心でいることは、格好悪いし、恥ずかしい。

なら、どうするか。答えは簡単、知らないなら詳しい人に聞けばいい。

そんな僕が常日頃から疑問に思ったり不思議に感じていた日本の問題点を、専門家の人たちに聞いて、自分なりに考えたことを書いたのが本書です。

みなさん、各分野のプロフェッショナルで、アホな僕でもわかるように、どんな「がさつ」な疑問にも丁寧に答えてくれています。貴重なお話を完璧には理解できていないかもしれませんが、人の話を聞いて、自分のアタマで考えてみる。そんな当たり前のことをやったつもりです。


ひとつ誤解しないでほしいのは、この本に書いたことが唯一の正解ではないということ。当たり前やけど、物事に絶対はありません。どんなに正しく見える意見にも異論反論があるし、世の中の事象はそんなに単純でもありません。

この本に書いたのは、あくまで僕が、自分で経験したり、身の周りで見聞きしてきたことをもとに、がさつな頭で考えたことでしかありません。そんな僕の考察を読んで「やっぱりせいじはアホだ」と言われるかもしれませんが、それでもいいんです。

「せいじはこう言ってるけど、ホンマかいな？　いやいや、やっぱり私はこう思う――」

そんな風に、今の日本について考えるきっかけにしてもらえるなら、こんなうれしいことはありません。

目次

第二章 AIと少子化と失業率の意外な関係 ニッポンの政治

第三章 アメリカも実は日本頼みらしいで？ ニッポンの安全保障

第四章 日本と世界の歴然とした差 国際社会のなかのニッポン

第五章 風邪薬は飲まないほうがいい⁉ ニッポン人と健康

第六章 日本から魚が消えてなくなる!? ニッポンの既得権益

第一章

日本ってホントに借金大国なんか？

ニッポンの経済

『日本の税金って高すぎへん？』

正直に言えば、僕が今お偉い先生に会って一番聞きたかったことは、これ。

「日本の税金って高すぎへん？」

もちろん、僕だってちゃんと税金を納めていますが、それは大前提としたうえで、やっぱりこう思ってしまうのです。

「それにしても、ちょっと取られすぎちゃうか？　どんだけ頑張って働いても、稼げば稼ぐほどたくさん税金で持っていかれるっていうのはホンマ、かなわんなぁ」

程度の差はあっても、同じように感じている人は多いんじゃないでしょうか。

身近で大事なことなのに、実はよくわかっていないのが「お金」の話。特に、知っているようで知らないことがたくさんあるのが税金です。みなさんだって毎年、税金を納めているだろうし、なんなら毎日のように税金のかかった製品を買ったり、サービスを利用しているはずです。

そこで、最初に話を聞きにいったのが経済学者の高橋洋一先生。もともとは財務省のスーパーキャリア官僚で、小泉純一郎さんの内閣では経済財政政策担当大臣・竹中平蔵氏の補佐官を務め、その後の第一次安倍内閣でも内閣参事官を務めるなど、まさに国の経済政策の中心に大きくかかわっていた方です。そんな高橋先生に、お金にまつわるさまざまな話を教えてもらいました。

「税金が高いか低いかを考える前に、まず自分がどのくらい税金を納めているか。それをしっかり把握することから始めるのが第一歩ですよ」

いきなりカマされてしまいましたが、なるほど言われてみればその通り。自分がどのくらい税金を払っているのか、現実を知らなければ話は始まりません。

「自分で確定申告をしている自営業の人は知っていると思いますが、日本の経済を支える多くの人たちは会社勤めの、いわゆるサラリーマンです。彼らは会社から給料をもらう時点で、源泉徴収という形である程度の税金を天引きされています。そのため、自分の納税額を知っている人は意外に少ないんです。自分がどれくらい税金を納めているかを把握しなければ、税金が高いか低いかをちゃんと認識することはできませんよね」

で、そんな日本の税金ですが、高橋先生によると、「平均的なビジネスマンで比べれば、経済先進国と言われるG8諸国の中で、ハッキリ言ってそれほど高いわけではありません」ということのようです。

もちろん税金のかけ方については、現在の制度が完璧なわけではなく、さまざまな問題があるそうです。

「ご存じのように今の消費税は8%で、今後10%に引き上げられる予定です。他にも車には自動車税、ガソリンにはガソリン税がかかるし、タバコやお酒のような嗜好品にも特別税がかかっています。たとえばお酒を飲む人にとってみれば、もともと税金がかかっているうえに、買うときにも消費税がかかるわけで、これでは〝二重課税〟です。ところが世界的に見ても、実は二重課税をするちゃんとした理屈ってあんまりないんですよ」

おかしいといえばおかしな話ですが、税金を集める国側の目線で見れば、実にわかりやすい話で、簡単に言えば、昔から、「取りやすいところから取っていたらこうなっただけ」ってレベルなんですね。

しかも、これは日本だけが特別なわけではありません。世界中、税金は似たような感じらしい。国の考えって、どこでも変わらないみたいですね。

『税金のクロヨンってなに？』

日本の税金は、取りやすいところから取られていくって話ですが、できれば、少しでも税金を低く抑えたいと考えるのが人情です。高橋先生によれば、その意味でも一番不利なのがサラリーマンらしい。

平等なはずの税金にも、濃淡があるっちゅうことらしいんです。

それってどういうこと？

「世の中には〝節税〟という言葉がありますが、サラリーマンの場合は、正当な範囲で節税したところでそれほど大きな違いはありません。ところが業種によってはグレーゾーンが広いものもあって、中には数百万、数千万円というほとんど〝脱税〟のような節税話もありますよね。よくニュースで、税務調査が入った大きな企業が、〝税務署との認識の違い〟という理由で修正申告をしているケースを聞きますが、あれなどは、まさにグレーゾーンでのせめぎあいがあるからこそ起こるんです。

実は財務省や税務署といった税を徴収する機関の中には、所得の〝捕捉率〟という概念があります。あまり聞きなれない言葉かもしれませんが、〝捕捉率〟とは、それぞれの課税対象とされる所得を、税務署がどの程度把握しているかを表したもので、これが業種によって全然違ってくるんです」

業種による不公平感は昔から存在しているもので、捕捉率は俗に「クロヨン」などとも言われています。これは僕も耳にしたことがあって、「クロヨン」は「9：6：4」の略で、9は給与所得者、いわゆるサラリーマン。6は自営業者、4が農業、林業、水産事業者となります。つまり税務署は、サラリーマンの9割の所得を把握しているのに、自営業者は6割、農林水産業者は4割程度しか把握できていないという言葉です。

「捕捉率には〝クロヨン〟よりさらに細かく分けた〝トーゴーサンピン〟(10：5：3：1)という呼び方もあって、給与所得者(サラリーマン)は10割、自営業者5割、農林水産業者3割で、最後の1割は政治家です。業務と関係ない支出を、課税対象にならない政治資金として処理してしまえば、ほとんどバレることはありませんからね」

もっとも、この捕捉率に関しては、財務省が公式に認めているわけではないようです。どんな業種であろうとキッチリ調査して税金を払ってもらうというのがタテマエだから、口が裂けても差があるとは言えないわけです。ただ、税務署長まで務めたこともある髙橋先生によれば、ほとんど実態のわからない政治家はともかく、他の業種に関する割合は、だいたい合っているそうです。

そういえば鹿児島の奄美に行ったとき、ある島の人からこんな話を教えてもらいました。何十年か前にイワシが大漁になって、多い人で数千万円の収入があったそうです。あまりに獲れすぎたおかげで、島にある郵便局の小さな支店の貯蓄残高がトンデモないことになった。普通に考えたら、これだけの収入があると翌年の税金が大変になるんだけど、大儲けした漁師の人たちは、儲けた分だけバンバン使いまくって、家を建てたり車を買ったりした。沖縄本島まで船で出かけて豪遊しながら自慢していた人もたくさんいたそうです。そんだけ派手に使ったら、さすがに「クロヨン」の「ヨン」の業種でも、税金を納めなければバレますよね。

マルサじゃないけど、税務署の人たちも、意外とこうした繁華街の飲み屋さんなんかから脱税の話を聞いてくることも多いらしい。キャバクラで豪遊している振り込め詐欺のグループが捕まるのもそういうことみたいです。

「犯罪はともかく、収入が曖昧な業種に比べれば、給料から源泉徴収で天引きされているサラリーマンの所得ははっきりしているため、税務署も捕捉しやすいんです。つまり、サラリーマンほどキッチリと税金を納めている人たちはいないということです。ただ、捕捉されていない人たちにしても、意識して脱税をしているというより、そもそもよく知らないから、とりあえずという感じで適当にやっているからなんでしょうね」

税金制度って面倒くさいし、知らないとどうしてもいい加減になってしまうのはわかります。でも、納税は国民の義務やって言うのなら、その仕組みや具体的なやり方まで、小さい頃から学校教育の中でしっかり教えるようにしたらいいんじゃないでしょうか。

『マイナンバーって意味あったの？』

日本では2015年に「マイナンバー制度」が導入されました。実は、この制度も所得の捕捉には大いに役立つそうです。

日本は先進国の中で、この種の制度を導入するのが一番遅かったんだそう。そのため、現時点では便利さを感じる場面はそれほど多くありませんが、これから先はどんどん便利になってくるとか。たとえば、マイナンバーが銀行口座や証券口座とリンクするようになれば、今までの税務署の調査パターンではわからなかったところまで捕捉できるようになっちゃうらしい。

賛否両論ありそうだけど、僕は大賛成です！

高橋先生によれば、これは「おそらく3年以内に実現する」とのことで、少なくとも技術的にはこうした方向に向かっていくことは間違いなさそう。個人の収入が、より明確に国家に把握されるということになるわけで、そうなると「国家管理だ」といった批判の声も出るかもしれません。

ご存じのように僕は芸人です。僕の場合、芸人の仕事に関しては吉本興業に所属していますが、これは吉本の社員というわけではなくて、千原せいじという芸人が、吉本という会社と契約しているようなもの。芸人を含む芸能人の契約形態は人によってさまざまで、サラリーマンと同じように完全に給料制の場合もあれば、仕事をやった分だけをもらう歩合制もあります。だから正確なところはわかりませんが、少なくとも僕や僕の周りの芸人たちは、ほとんどが個人で税金を申告しているんですね。

さらに言えば、僕は自分で飲食店もやっていました。その頃は芸人であると同時に、普通の自営業の経営者でもあったから、こうした仕事での所得もあわせてきっちり確定申告をしていました。だから実感としてわかるのですが、この確定申告の作業というのは本当に手間がかかって面倒なものです。毎年、申告の時期には仕事の合間に書類や領収書と格闘しますが、それでも専門的なことはわからないので税理士の先生にもお願いしなければなりません。自営で仕事をする以上、こうした経理事務も仕事に含まれるので仕方ないとはいうものの、個人の規模だとやっぱり手が足りないので大変です。

だからこそ僕としては、国にキッチリと捕捉してほしいと思うんです。こっちにしてみれば、税務署の気まぐれみたいなタイミングで調査に来られて、「じゃあ3日間は休んでください」なんて言われることもあるわけです。そんなことをするくらいなら、いっそ口座まで全部管理してもらって、税務署から「今年の税金はこれだけだから払ってください」と言ってもらったほうが、どれだけ楽になるか。

ちなみに高橋先生も、自分の会社での取り引きはすべて銀行口座で行っているそうで、講演会などの収入はもちろん、支出もクレジットカードなどを使い、極力、現金をなくしているそうです。そうすれば、ほとんどの収支が記録されクリアになるわけです。税務署から見れば、銀行口座ですべての取り引きをしている場合、1年間の取引記録を提出してしまえばもうほとんど調べる余地はないそうです。

僕のような芸人などは、まさに捕捉しづらい業種に見られがちで、「これまで大丈夫だったことが、急にダメになることもある。せいじさんも気を付けたほうがいいですよ」と言われました。確かに芸人という世界は一般企業とはずいぶん違いますし、確定申告をしていない若手もいるかもしれませんが、少なくとも、僕に関して言えば、この方向は大歓迎ですね。

マイナンバー制度の導入は、真面目に申告して納税している人間にとってはメリットしか思い浮かびません。なのに、現実になかなか進んでいないのは、やっぱり反対する人たちがいるからなんでしょう。いっぺん嫌がっている人たちに、なんで反対するのかを聞いてみたいですね。

『AIで税金も平等になるん？』

マイナンバー制度にプラスして、AIといった電子化の進化もめざましく、世の中はどんどん便利になっていますね。先ほども触れたように、現在はすべての取り引きを銀行口座にしてしまえば、税理士を頼まなくても簡単に申告ができる時代になっていますが、AI化することで、結局どんなメリットが生まれるんですかね？

確定申告をする人の場合、昔は確定申告書を手書きで書いて、だいたい2月半ばから3月15日までの間に税務署に提出するという作業をやっていたはずです。僕も大阪にいた若手時代には、収支や経費を全部ノートに書いて自分で管理していました。

仕事をしながらこうした作業を行うのは、想像する以上に大変なことです。特に税金の申告の時期になると、何日も領収書の束や銀行口座の数字と格闘しなければならず、だからといって、日常の仕事も休むわけにはいきません。これを代わりにやってくれるのが税理士さんです。税金に関する専門的な知識は、自分ではわからないのだから仕方ありません。今は僕も税理士さんに頼んでいます。

ただ、当然ながら税理士さんに頼むとお金がかかります。大きな会社のことはわかりませんが、小さな規模でも、それだけで月に2～3万円の経費がかかります。

ところが髙橋先生によると、最近はソフトウェアを使えば面倒な計算も簡単にできてしまうそうです。

「しかもソフトウェアなんてほとんどタダですよ。国税庁のHPからダウンロードできるソフトを使えば、あとはその書類に数字を入力していくだけで計算ができてしまう時代ですからね」

こうなると税理士さんを雇って節税をするという問題ではなくなってきますよね。もうひとつ言えば、税金の制度は毎年のように細かく変わったり、新しい税金ができたりするため、税理士さんもついていくのが大変だと聞きますが、ソフトならキッチリ対応しているのでその心配もないそうです。

「電子化することには別のメリットもありますよ。全部を銀行取引にしてしまえば、経理資料の保存も簡単になります。そうなると税務署も、ごまかしようのないインターネットや銀行口座を使っている人より、昔ながらの現金取引商売をしている人を重点的に調べるようになっていくわけです」

便利になる一方、税理士さんの仕事がなくなってしまうという問題もあるんだけど、これは税理士さんに限った話ではありません。最近話題になっている「AI」（人工知能）が進化すれば、多くの仕事が取って代わられると言われています。良し悪しはともかく、世の中の流れとしてこの傾向は止まらないし、将来的にもどんどん変わっていくのは仕方ないことなんでしょう。

とにかく同じ税金を払っていく以上、全員が平等になることは大賛成です。

『それで結局、年金ってもらえるの？』

「日本は借金大国」

「負債総額は1000兆円で、このままいけば国の財政は破綻する！」

毎日のニュースを見ていると、こんな話が頻繁に耳に入ってきます。でも、この情報ってホンマに本当のことなんですか？

国の財政というと規模が大きすぎてピンとこないのですが、身近なところで言えば、年金制度がどうなるかも関係してくる問題です。今はまだいいとしても、僕たちの世代はちゃんともらえるのか、子供たちの世代には破綻してしまってるんじゃないか、という不安はずっとあります。

「現時点で年金制度が破綻するということはありません。もらえるかもらえないかということなら、それはもらえます。問題になっているのは、以前のように、自分が払った額以上の年金をもらえるかどうかということで、少なくとも自分が支払った分ぐらいのレベルはもらえますよ」

髙橋先生は、国の財政についても、以前から「破綻はしないから大丈夫」ということを主張しておられます。その根拠もはっきりしていて、ようは国に借金があるのは事実だけど、同時にかなりの資産もある。あわせて考えれば、実は日本の財政はそこまでひどくはないという事実です。

それを示す根拠となるのが「国のバランスシート」。会社で言うところの「貸借対照表」のようなもので、どれだけ借金があって、どれだけ資産があるかを示したものですが、実は25年ほど前に、財務官僚としてこの国のバランスシートを最初に作ったのが高橋先生でした。それまで、そういったものがなかったことにも驚きですが、当時は「財務省限り」という制限が付いて非公表とされていたそうです。その後２００５年からは毎年、正式に公表されるようになり、今では誰でも見られるようになっています。

「たとえば２０１６年３月時点でのバランスシートを見ると、国の負債は約１４２４兆円。対する資産は約９５９兆円となっています。差し引きのマイナスは約４６５兆円ですよね。不思議なのは、みなさん、なぜか資産には触れずに、負債額ばかりを取り上げて大騒ぎしてること。国の財政を考える場合、大事なのは資産と負債の〝差額〟の部分なんです。経済学の世界ではこの差額を、国力を表す数値である国内総生産額〝ＧＤＰ〟で割った数値で比較しているんですが、景気がいいとされているアメリカが１１０％なのに対して、日本は90％。実はアメリカのほうがはるかに悪いんです。つまり、日本の財政は言われているほどひどくもないし、破綻もしていない。国際的に見れば、健全経営と言ってもいいくらいなんです」

　ということは、少なくとも年金も国家財政も、現在のデータから見る限り破綻することはあり得ないってことでいいのでしょうか。

『どうやら有事に日本の円が買われているらしい？』

専門家の方に話を聞いていると、日本はまだまだ大丈夫って気になってきますが、借金があっても資産があるから大丈夫という理屈は、やっぱり、どこかスッキリしませんよね。そこで、さらに聞いてみたところ、髙橋先生はこんな例を教えてくれました。

「日本の財政の健全さは、円の買われ方を見ればよくわかります。いい例がここ数年、日本を悩ませていた北朝鮮のミサイル問題が起きた際の為替の動きです。国際為替市場では、北朝鮮がミサイルを発射するたびに、日本の円が買われました。もし日本の財政が本当に危機的なもので、そこにミサイルが飛んでくるリスクが高まったのであれば、普通なら円が売られて大変になるところでしょう。ところがミサイルが発射されても、国債も暴落しなければ、円高にもならなかった。海外の投資家たちは、それだけ日本の財政が大丈夫だということを知っているわけです。

国債に関しても同じで、国債を発行しているのは財務省ですが、海外で国債を発行するときには、財政のバランスシートを見せて説明しているそうです。それも当然で、海外では日本みたいに情緒的な話なんか通用しないから、論理的に〝日本の財政は大丈夫だ〟ということを説明しなければ、誰も買ってくれません」

なるほど、確かに暴落のリスクがある国債を喜んで買う投資家なんかいませんよね。

「もうひとつ言えば、この国債のうちおよそ400兆円は日銀が保有しています。これだって、国の資産と言えば資産です。政府の日銀への出資比率は5割を超えていて、いわば日本政府の子会社のような存在ですからね。これを連結ベースに組み入れると、先ほどの差し引き負債約４６５兆円からさらに減って、日本の負債額は実質65兆円になる。国レベルで考えれば、こうなると借金はほとんど無いも同然です。
まだあって、実は日本政府の持っている金融資産、土地や建物の資産って、ＧＤＰ比で１３０％ぐらいある。他の先進国はだいたい20％くらいが普通らしいから、いかに飛び抜けてお金持ちかってこと。本当に負債が大変なら、真っ先にこうした資産を売らなきゃならない。とにかく、国でも会社でも、『借金』がいくらあるかということだけを抜き出して議論しても始まらないわけです。そこは『資産』を含めたバランスシートを見なければ、本当のところは見えてこない。これはどの国でも、どんな会社でもそう。逆に言えば、そうでなければ世界のビジネスでは通用しませんよ」

偏った情報や雰囲気に流されてしまっては、冷静な判断はできません。まずはきちんとした数字を知らなければ、経済の話はできないってことみたいです。

『日本が借金だらけと言われるのはなんで？』

日本の財政は大丈夫そうなのに、巷では危機感を煽る声ばかりがあふれている。

なんでそんなことになっているのかと言えば、これは国民が危機感を感じるように財務省がうまく誘導しているかららしいんですが……。

わかりやすく言えば、「国の借金が大変だから、増税をしましょう」という論理展開は財務省の常套手段らしいんやけど、財務省に「財政が危ない」って言われたら、「ほな、ちょっとぐらい税金が高くなっても仕方ないか」って考えるのが人情ですよね。でも、実際はそうじゃないとなれば、財務省はちょっと国民をバカにしてるんじゃないかと思ってしまいます。

「財務省が発表している国の負債の説明の際に、よく国民一人あたりいくらの借金というたとえが使われます。それによると、今の日本は国民一人あたり885万円（2018年12月末時点）の借金を抱えている計算になるそうです。これはかなりキツい借金を抱えているということになる。でも、僕に言わせれば、このたとえはうまくごまかされているんです。先ほども言ったように、資産がまったく計算されていないからです。

だいいち国と個人って、そもそもまったく違うものですよね。自分たちの身の周りを見てもわかるように、個人で借金を抱えている人って実はそれほど多いわけじゃない。せいぜいマイホームや車のローンといったレベルです。先ほどの〝借金〟と〝資産〟で考えると、明らかに資産が大きくて借金が少ない。だから銀行もお金を貸してくれるわけです。対してたいていの会社は、銀行からの融資など、なにがしかの〝負債〟を抱えながら回している例がほとんどでしょう」

財務省がどんなつもりで国を個人に例えたのかわかりませんが、どうせなら、もっとわかりやすい「会社」で説明してくれればいいのに、なんでわざわざわかりにくくするのか。やっぱり、ちょっとズルい気もしますが、財務省をよく知っている高橋先生に聞くと、「それは、財務省はそういうお仕事だから」ということらしい。

「財務省は、国民からできるだけたくさんのお金を集めて、それを配ることが仕事なんです。それ以上でも、それ以下でもない。たくさん取って、たくさん配ることができれば、それだけ省の力も強くなる。国のためとか国民のためとかではないんですね。国を会社に例えるなら、財務省はサラリーマンの経理部長で、取締役ではない。財務官僚は国全体の姿が見えているとみんな誤解しているんだけど、経理部長には、社長の大きな経営判断はわからないっていうだけのことですよ」

これが本当なら、困ったことです。ここはぜひ、財務省の人たちにも、本書を読んだ意見を聞いてみないとあかんですね。

『アベノミクスは成功だったの？』

安倍政権の一番の功績は、経済政策「アベノミクス」の成功だと言われています。今のところ、自民党が選挙で勝っているのも、実際に経済がよくなっているからなのでしょう。特に大企業の多くはアベノミクスの恩恵を受けて業績が上向いているそうです。でもそれってホンマなん？

普通に暮らしている大多数の国民にとって、なかなか世の中の経済がよくなっているることを実感する場面はありません。僕だって、なんだか世の中は景気がいいのに、自分だけが乗り遅れてしまったような不安を覚えてしまいます。

アベノミクスに限った話ではありませんが、物事を評価するときに必要なのは「判断基準」です。何を判断基準にするかによって、大きく変わってきます。では、経済政策を判断する基準は何なのか。マスコミでは経済の専門家が、いろいろな指標や数字を持ち出して説明してくれますが、正直言って、よくわかりません。どれも基準がバラバラのため、比べようがないからです。

そんな疑問をすっきりさせてくれる「基準」を高橋先生が教えてくれました。「経済をどう見るかは、大まかに言えば『雇用』と『所得』の二つを見れば十分なんです。要するに〝世の中にたくさん仕事があって、その給料が高ければいい〟ってことで、これさえちゃんとしていれば、大きな社会問題にはなりにくいということです」

これなら僕にも理解できそうです。じゃあ、アベノミクスはそれがうまくいったということなんでしょうか、先生？

「もっとわかりやすく経済政策の評価を１００点満点のテストで例えてみましょう。

得点配分は〝雇用で60点、所得で40点〟とします。雇用は〝失業率〟を見ればすぐにわかるんですね。失業率が低ければ低いほど、国民に仕事があるということで、仕事があれば最低限の生活はなんとかなります。現実的に失業率がゼロになることはなくて、どれだけ低くなってもだいたい〝2・5〟くらいが下限とされています。どれだけこの数字に近づけるかが政府の腕の見せ所になるんですが、アベノミクスがスタートした頃の失業率が5%ほどだったのに対し、現在はおよそ〝2・5〟まで下がっています」

なるほど、じゃあもうひとつの「所得」のほうは？

「残念ながら、所得は順調に伸びているとはいえません。細かく言えば、それなりに伸びてはいたのですが、途中で消費税増税の話が出てきたことで一度、ガタッと下がってしまったんですね。ただ、安倍首相は以前から〝3%の賃上げ〟を経済界に求めていて、これは実現する可能性が高い。このまま失業率が下がっていけば、自然と所得は上がることになるからです。職が増えて企業が人を雇うようになれば、それだけ人手が不足します。そうなれば企業側は人を集めるために賃金を上げることになる。考えてみればシンプルな話でしょう」

　これらを踏まえて、高橋先生が採点したアベノミクスの総合採点は「雇用は60点中55点、所得は40点中15点の合計70点」という評価だそうです。

「雇用はかなりいい点数で、これはかなりうまくいっている。所得に関しては半分に届かない評価ですが、総合すればそれほど悪くはないというのが私の見立てです。もちろん経済はさまざまな要素が絡み合って動いているので、ひとつの要因だけで効果があったかどうかは誰にもわかりません。ただ、少なくとも現実に結果が出ている以上、今のところアベノミクスは成功していると言えるんです」

　さすが大学で経済を教える先生や。学生時代は赤点ばっかりやった僕にも、今の日本経済の大枠が見えてきた、ような気がします。

コラム①

日本人の正義感なんて、世界ではまったく通用しませんわ

海外に行くと、日本と世界の常識の違いにビックリすることがあります。日本とは「正しい」が根っこから違うんですね。

たとえば南アフリカにロケに行ったとき、こんな経験をしました。スタッフと二人でメシを食うためにホテルのレストランに入りました。そのとき、スタッフが自分のカバンを椅子の横の床にポンと置いといたんですね。

ところが、メシを食い終わってさあ行こうかと荷物を見ると、いつの間にかボロボロのカバンにすり替わってる。スタッフは「うわっ、誰かが荷物を間違えたみたいです！」なんてのんきに言うてましたが、どんだけ日本人やねんって話。日本で言う置き引きですわ。

で、大慌てで荷物をキョロキョロ探していると、

僕らの隣の席に座ってたヨーロッパ系のカップルがこう教えてくれたんです。

「ああ、アンタの荷物なら、さっき、そっち側の席に座ってた黒人カップルがすり替えて持っていったよ」

これを聞いた友人は、不満そうな顔を見せて彼らに抗議しました。

「おいおいアンタら、見てたんなら、なんでそのときに止めてくれないんだよ！」

これが普通の日本人の感覚かもしれません。でも、彼らの常識はそうじゃない。

「おい、ジャパニーズ。お前たちはクレイジーだな。そんなに殺されたいのか？」と呆れたように、言われました。

当たり前ですが、海外では普通に銃が存在しています。もしカバンを盗もうとしている相手を止めようとしたら、その場でいきなり撃ち殺されることだってあるわけです。

この国ではほかにも山ほどカルチャーショックを受けました。ホテルで通貨を両替しようとしたら、「従業員が盗んでしまうから、現金は置いてないんです」って断られるし、街中で車に乗っていると「信号が赤になっても絶対に停まるな」と注意される。これは停車しただけで強盗に狙われる可能性があるからです。

警察や役所などの公的機関もアテにならなくて、入国審査で合法で持ち込んだウィスキーを勝手に没収されそうになりましたからね。まあ、僕はどこでもこんなんですから、ガンガン抗議して返してもらいましたけど。

日本で生活していると、無条件に自分たちの考えが正しいと思いがちですが、狭い了見で正義感を押し付けても通用しないことだってあるんですよね。

第二章

AIと少子化と失業率の意外な関係

ニッポンの政治

『消費税って上げる必要あるの？』

世の中のたいていのことはお金を介して回っています。一見、難しそうな政治や政策の話も、お金を通して考えれば、見えてくることも多いはずです。たとえば政治の話はわからなくても、僕たちの生活に直結する消費税増税がこの先どうなるかなどは、大いに気になりますよね。

経済とは切っても切れない関係にあるのが政治の話です。

安倍・自民党は、衆院選で連続して300議席に迫るような大勝をしています。これだって、やっぱり経済政策・アベノミクスの結果が出ているからでしょう。

そこで引き続き、財務省のスーパーキャリア官僚として小泉内閣や安倍内閣で、政策に深くかかわった髙橋先生に、経済面から見た政治の世界を語ってもらいました。

「現在、消費税は現状の8％を10％に引き上げることが決まっています。ただ、問題はその時期で、安倍政権はこれまで2回にわたって増税の実施を延期してきました。最初の予定は2015年10月、次が17年4月で、これが延期され、現在のところ19年10月に実施される予定になっています。二度の延期とも、安倍首相が判断したわけですが、これは政策がどうこうではなくて、はっきり言えば〝政治〟の話。というのも、この根っこには〝安倍さんvs財務省〟という構図があるからなんです」

ニュースを見ていると、財務省としてはずっと増税をしたがっているんだけど、安倍首相はそれほど乗り気ではないように見えます。実際、二度目の延期を決めたときは、ちょうど参院選のタイミングでしたが、安倍首相は増税の先送りを公約にして圧倒的な議席を獲得しています。

「なんでこうなったのかと言えば、それは安倍さんが〝結果〟を重視する政治家だったから。これは前回、消費税が5%から8%に引き上げられたときの経緯が影響しています。消費税が8%に引き上げられたのは2014年ですが、この際の安倍首相は経済成長が止まってしまうことを心配していました。それでも、増税を主導していた財務省の『大丈夫です』という説明を信じて決断したわけです」

実はこのとき、髙橋先生はきっちりと計算をした結果、「経済成長はマイナス0・5%になります」と予測していたそうです。ところが財務省だけでなく、ほとんどの経済評論家たちは「そんなことはない、大丈夫」と否定していた。みんな財務省の言い分を信じてしまったんですね。で、増税したところ、実際に髙橋先生の予測通り成長が止まってしまった。このことで安倍さんが財務省の言うことをあまり信用しなくなったと先生は言います。

今のところ順調に経済が推移していますから、景気の腰折れを回避するために、安倍さんが3度目の増税先送りを決断する可能性もあると言われ続けてきました。いずれにしても、日本の経済が落ち込むことがないといいのですが……。

『安倍首相と財務省の〝距離感〟って？』

消費税増税の一件からもわかるように、歴代首相の中で、安倍総理ほど財務省と距離のある首相は珍しいそうです。

国の政策を決めるのは、言うまでもなく選挙によって国民に選ばれた政治家です。ただ、これは表面上のもので、政治家の裏でしっかり主導権を握ってきたのは財務省らしいですよ。

「選挙に落ちればただの人になってしまう政治家に対し、財務省の官僚は基本的に変わりません。政治のトップが誰になっても、国の財政に関してイニシアチブを握るのは財務省という構図は変わらないんです。財務省は旧大蔵省の時代から、日本の官僚機構のトップに君臨してきました。すべての大本となる予算の権限を握っているわけですから、他の省庁も財務省には頭が上がらないという力関係があります」

そんな歴史の中で、財務省は政策の決定権を持つ政治家に対する工作もシタタカに行ってきたそうです。

「財務省内では〝要路〟と呼ぶんですが、これは政府や与党の重要役職者のこと。彼らには財務省から番記者のように決まった担当が付いて、ほとんどマンツーマンでレクチャーをするんです。ありていに言えば、政治家を財務省の考えで〝洗脳〟してしまうんですね。一度、信用を得れば滅多に担当が変わることはないので、政治家が出世すれば、担当者も出世できるという構図もあります」

では、なぜ安倍首相はそうならなかったのか？

「安倍首相は政治家としては珍しく、財務省と微妙な距離感を保っています。第一次政権当初は、まだ財務省と経済産業省のバランスを取っていましたが、徐々に財務省離れが進みました。象徴的だったのが公務員改革で、政府機関の統廃合によって最も痛手を被ったのが天下り先を潰された財務省です。これによって官僚側から安倍政権のスキャンダルが次々にリークされたとも言われています。そんな経緯もあって、第二次政権以降の安倍さんは、財務省とはそこそこの距離感を保ちながら、表立って対立するようなことはしていません。ただ、現実には首相官邸や内閣府の重要ポジションに人材を送り込んで政策を主導するなど経済産業省の影響力が強くなっているというわけです」

現在の安倍内閣が、別名「経産省内閣」と呼ばれる理由には、こんな歴史があったというわけです。では、高橋先生の目には、安倍首相という政治家はどのように映っていたのでしょうか。

「もともと安倍首相は、憲法や安全保障の問題に熱心で、経済政策に特別強い政治家というわけではありませんでした。だからなのか経済政策にはこだわりがなくて、どちらかと言えば『左』寄りと言ってもいいような政策でも平気でやってしまうところがある。それはやっぱり、政治家は結果に責任を持つ立場だからなんでしょう」

高橋先生に言わせれば、経済政策を決める政治家の思考法は、僕たちが想像するものとは少し違っているそうです。

「政治家って面白くて、彼らは結果を見るんですよね。安倍さんも『政治家は、理論はわからないけど、結果ならわかる。当たらない人の話は聞かなくなるし、より当たる人の話を聞くしかない』って、財務省の意見を聞かなくなったんです。政治家にとって重要なのは結果ですからね」

こうなると面白くないのが財務省ですが、いずれにしても、安倍さんも財務省も、ここはやっぱり自分たちのことじゃなく、国民のほうを向いて政策を考えてもらいたいところです。

『外国人労働者って必要？』

安倍首相が財務省と喧嘩しながらも進めてきたアベノミクスは、一応は成功していると言われています。でもその一方、ここ数年は、正社員と非正規社員の格差や外国人労働者の受け入れ政策といったニュースを見る機会も増えていますよね。

「社会を安定させるために全体の雇用を増やすのは、いろはの〝い〟になります。そして、やっぱりこれは政府にしかできないこと。アベノミクスは当初、三本の矢として〝金融政策〟〝財政政策〟〝成長戦略〟を打ち出しました。続く2015年からの〝新三本の矢政策〟では、子育て支援や社会保障といった政策が進められましたが、これも突き詰めれば雇用を促進するための政策だったと言えるでしょう。そして、このアベノミクスの成功を、一番身近に感じているのは若者たちかもしれません。

実は失業率は翌年の就職率にほとんどリンクしているため、景気がすぐに反映されるからです。民主党政権の時代は失業率も高くて、大学の就職率もかなり低く、大学生の3人に1人は就職できない就職氷河期と言われていました。でも今は大学や高校を卒業すればそれなりに職はあるし、新入社員の給料も上がっている。就職率の上昇は、特に中堅の大学で顕著なんですよ。

いつの時代でも、東大を出て就職に困ることはほとんどないように、トップクラスの大学に景気はあまり関係ありません。ところがこれが中堅以下の大学になると、景気の影響をもろに受けることになるわけですね。ここ何年かで大学の就職率が上がったのは、別に学生さんの学力が上がったわけじゃなく、政権が変わって経済が上向きになったからなんです」

もちろんこうした評価に反対する意見もたくさんあるでしょう。たとえば雇用は関係なく、「所得」だけを見れば、アベノミクスは失敗だと言うこともできるわけです。でも、ただ批判するためだけに揚げ足を取るような議論は、前向きじゃない気がします。基準をはっきりすれば、いいか悪いかの議論も成り立つし、専門知識のない僕たちにも、ずっとわかりやすくなると思うのですが。

高橋先生によると、実は安倍さんの経済政策に反対している人たちって、年配の人たちが多いそうです。

「昔は年寄りほど自民党の支持率が高かったわけですが、実は今はそれほどでもなくて、逆に若い人ほど支持率が高い。なぜかといえば、ある程度の年齢の人たちは、ほとんどの場合、とっくに仕事に就いているから。彼らにとっては就職率がどうなろうが関係なくて、自分の給料が高くなるか低くなるかばっかりを気にする。だから安倍さんに文句を言うわけです」

まあ、気持ちはわかるけど、やっぱり政治は社会全体で見るもの。それに、失業率が下がると他にもいいことが多いそうなんです。たとえば自殺率や強盗の発生率までガーンと下がると言われています。警察や厚生労働省がどれだけ頑張るよりも、雇用を増やすほうが効果的なんですね。

あまりピンとこないかもしれませんが、言われてみれば、普通に働いて食べていける世の中なら、犯罪みたいな危ない橋を渡る奴はかなり減るはずです。相変わらず振り込め詐欺やインターネット詐欺が増え続けているのだって、ある意味では政治のせいなのかもしれません。

もちろん、雇用が増えても、そこには正社員と非正規社員の格差といった問題もあります。当然、正規社員が増えるほうがいいんだけど、順番として、まずは失業率が下がらないと、正社員も増えるようにはならない。この理屈は、僕もバブルの頃に身近で見て実感したことがあります。

僕は京都の生まれなのですが、実家の近くに、ある大企業の工場があって、知り合いにも中卒や高卒でこの工場で働いていた奴がたくさんいました。バブル景気で人手不足だったから、工場からは「頼むから正社員になってくれ」と言われたそうですが、ほとんどの奴は断っていた。当時は普通のサラリーマンになるより、派遣で働いていたほうがはるかに収入がよかったんです。中には家まで建てた奴までいましたから。

ところがバブルがハジケると、派遣の給料はどんどん下がって、仕事も減ってしまった。慌てて会社に「正社員にしてくれ」なんて言っても後の祭りです。

「あの当時は確かにそうでしたね。所得の動きには法則があって、正規と非正規で比べれば、賃金が上がるのも下がるのも非正規のほうが先なんです。景気が悪くなれば、非正規はすぐに下げられる。逆に正規はすぐに上がりづらいけど下がりにくいという構造になっていますから」

だから当時、給料が安くなっても正社員を選んだ奴は今でも安定してるけど、目先の高い賃金で非正規を選んだ奴は、結局、家を手放すハメになってしまったんですね。今なら「お前、バイトなのに、よう家まで買《こ》うたな」ってコントになるような話ですが、当時のバブルの頃の日本経済は、それだけおかしなことになってたんでしょう。

ただ、僕だってこのときに非正規を選んだ知り合いたちを笑うことはできません。中学や高校を卒業して、すぐ就職していたら、そんな経済の動きのことなんて何もわからなくて当然です。社会に出る前に経済のことを勉強しておくのって、英語や化学なんかよりよほど大切なのかもしれません。

『少子化はそれほど問題ではない？』

消費税増税した分のお金がどう使われるかも気になるところです。今のところ少子化対策や、それに伴う大学の無償化に使おうといった議論が進んでいます。日本の少子高齢化は世界の中でも進んでいて、このままいくと日本の社会システムが立ちいかなくなるんじゃないかという不安もあります。労働力不足を補うため、外国人労働者の受け入れ拡大をにらんで入国管理法の改正もされましたよね。

「確かにそうした不安もわかりますが、実は現実の世界では、技術の進化によって十分に対応できるようになっていますからね。自動化、AI化の波は至る所に来ています。税金の話で触れた税理士さんや弁護士さんといった『士業』のように、資格を取るような勉強をしなくても、全部、機械がやってくれる。宅配もドローンがやるようになるだろうし、車の自動運転が実用化すれば、タクシー運転手の仕事だって10年もたたないうちになくなってしまうでしょう。

機械任せはちょっと怖いと感じる人もいるかもしれませんが、人為的なミスで起こる事故に比べれば、機械のほうがはるかにミスは少ないはず。最近は高齢者の交通事故が問題化して、高齢者の免許更新が厳しくなっていますが、地方では車がないと生活できないケースも少なくない。そんな人たちにとってもいいことだと思います」

これは世界的な流れで、海外に行く機会が多い僕もAIの普及は実感しています。たとえばシンガポールで泊まったホテルの部屋でのことですが、バスタオルがなかったので、フロントに「バスタオル、プリーズ！」って電話したところ、ようわからん機械がピンポーンって部屋までバスタオルを持ってきました。これにはびっくりしましたが、決して嫌だというわけではなく、必要なことを確実にしてもらえたのだから十分に満足です。

日本のサービス業では「おもてなし」が過度に重要視されています。もちろんいい部分もあるんだけど、たとえば言葉も喋れない外国人にとってみれば、AI相手のほうが気楽だし、リラックスできるかもしれない。これだって立派におもてなしとして成立するんじゃないでしょうか。

定型的な仕事の多いお役所の仕事もかなり効率化されるんちゃうかな。よく窓口で長い行列ができてますけど、印鑑証明だって、今はマイナンバーカードさえあればコンビニでも受け取れるようになっています。

高橋先生に聞いたところ、官僚の仕事だって、AI化でかなり効率化できるそうです。よく、国会答弁の想定問答集や資料を作るために連日徹夜で泊まり込みをしているなんて話を聞きますが、実は国会の想定問答って9割方は過去に出ているから、簡単にAIで処理できるらしい。実際、想定問答をAIで処理するっていうプロジェクトも始まっているそうです。

お役所の仕事に関しては、ただ便利になるだけじゃありません。AIはえこひいきも忖度《そんたく》もしないから、すべての人にフェアに対応するようになる。記録だってきっちり残るし、いいことずくめです。

とにかく、こういう話を聞くと少子化問題もそこまで深刻な問題ではないように思えます。少子化対策もいいですが、どうせなら新しい技術の開発や普及にお金を入れたほうが、将来の雇用のためにもなるんじゃないでしょうか。

ＡＩによって、どんどん人間の仕事がなくなるっていう危険性も指摘されていますけど、ＡＩが増えれば、それだけ管理する仕事も増えるわけで、そこまで深刻になるとはどうも思えません。いつの時代も、なくなる仕事があれば新しく生まれる仕事もありますからね。

もちろん変わらず人が必要な分野はあるし、技術が追い付かないものもあるでしょう。僕らのようにお客さんの空気を読んで臨機応変に皆を笑わせる芸人の仕事などは、ＡＩには難しいでしょうし、僕らもまだまだ負けるわけにはいきませんけどね。

第三章

アメリカも実は日本頼みらしいで？

ニッポンの安全保障

『日本ってアメリカの言いなりでしょ？』

僕は常日頃から、日本の国防や安全保障に関する姿勢って、ちょっとおかしいんじゃないかと思っていました。

特にアメリカに対してですけど、在日米軍にしても、「日本人はアメリカにお金ばっかり取られて搾取されてる、アメリカにいいようにやられてるだけ」と思っている部分が正直あった。

でも、最近になって、「ちょっと違うのかもしらんな」と思い始めたんです。

なぜかといえば、アメリカにとっても日本は、とても重要な国だという視点が欠けていたから。重要だからアメリカはかなり日本に気を遣っているし、仮にもし日本が自分たちで国を守ろうと思ったら、それはそれで大変なコストがかかりますよね。そのところを全部勘違いしていたのかもしれないと思うんです。それに気づいたら、日米同盟を破棄しろとか安易には言えないなあと。

そんな「防衛」に関するあれこれを僕に教えてくれたのが、軍事アナリストの小川和久さんです。小川さんは中学卒業後に自衛隊に入隊し、その後、大学を中退してマスコミの世界に飛び込み、長い間、軍事問題を調査し続けてきました。いまでは大学の教授として防衛官僚や自衛隊の高級幹部に教える立場です。

小川さんによれば、そもそもアメリカ側には日米同盟を解消できない事情があるそうです。それは日本列島の位置と、置かれた能力の持つ意味が大きいらしい。

「日本に置かれた米軍基地を拠点に米軍が活動できる範囲はアフリカの南端まで。その代わりをできる国は他にありません。だから、仮に日本が日米安保を解消したら、アメリカは東アジアから中東、アフリカで展開できる軍事力を支える能力の8割を失うことになる。そうしたら世界のリーダーから滑り落ちますよ」

そのことを日本人が知らないのが問題だと小川さんは言います。最初にこの話を聞いたときは、結局、地政学的に日本のある位置が重要ってことなんやなあ、と思ったんですが、それだけが理由ではないらしい。

「地理的な条件だけじゃなくて、工業力、技術力、資金力の三拍子が揃っていて、反米感情がほとんど存在しない国は他にないんです。たとえば日本と地理的な条件が近い韓国はどうかと言えば、それもダメ。韓国の反米感情は凄まじいものがありますからね。だからアメリカにとって日本は非常にありがたい存在で、切りたくても切れないんです。立場を利用しているのは、むしろ日本のほうなんですよ」

ではなんで、そのことを日本人は知らないんでしょうか?

「それを説明する能力を持った政治家が日本にはほとんどいないからでしょう。官僚や学者にも説明能力がない、これは軍事に関して〝わかっている人〟がいないということ。防衛オタクと呼ばれる石破元防衛大臣ですら、軍隊や戦争の歴史、故事来歴、法律や制度については滅法詳しいですが、軍事そのものについてはそれほどではない。自分の国の安全のために軍事力を使うには、どう使うかという〝戦略〟が重要な要素になるのですが、そこが弱い。これは日本人全般に言えますが、特に戦略の要である外交と安全保障、危機管理が苦手なんです。確かに日本人は他の分野ではすごく有能です。だから、苦手な三つの分野についてもできるんだと錯覚してしまっているんです」

海外に行くとよく感じるのが、日本人は日本以外の国についてほとんど何も考えてないということ。でも、多くの国の人は、他国と地続きの大陸で育っているから、そういう思考の訓練ができているわけです。

日本人は、島国なので基本的にのほほんとしてるんですね。はっきり言って何も考えていません。だから国家の安全や危機管理なんて、たいていの人は興味がないわけです。僕もそうでした。

軍事や安全保障は重要ではないと考えてしまうのは、日本人はアメリカに守ってもらっているという大前提があるからなのでしょう。でも、小川さんに言わせれば「守ってもらっている」と考えていること自体が間違いらしい。

「日本の選択肢は、安全保障については二つしかないんですよ。日米同盟を徹底的に活用するか、どことも組まない武装中立を保つか。今のレベルの安全を武装中立で実現しようとしたら、防衛費を試算すると1年間に23兆円から25兆円かかります。でも日米同盟だと5兆2000億円ほどの防衛費の水準で、世界最高水準の安全が実現している。あと日本人は、日本はアメリカのポチみたいで、アメリカに守ってもらってると勝手に思い込んでいる。そこを整理しないといけません。

アメリカとその同盟国の間の関係でいえば、やっぱりトップにいるのはアメリカなんです。一番すごい軍事力を持っているから。ただ、他の同盟国の中でアメリカに対して、最もモノが言える立場の国というのが実は日本なんですよ。イギリスではないんです。それを日本人は自覚していない。

日本の会社に例えてみれば、アメリカが東京本社だとすると、日本は大阪本社くらいの位置づけになる。あとの同盟国は重要ではあるけれど、実はどこも支店レベル。韓国もイギリスもドイツもそうです。東京と大阪に本社機能を二つ持っている会社の中で、大阪本社がなくなったら相当きついですよね」

そりゃあ、ソコソコは大切にしてもらってるんやろうけど、というくらいの感覚でしたが、アメリカにとっての日本が、そこまで重要な位置づけになっているとは、意識したこともありませんでした。日本人がそう思っていないということがおかしいというか、そもそも知らないことが問題ですよね。

『日本の危機管理は大丈夫なん？』

東日本大震災の福島第一原発事故のときに対応できなかったことも、よくよく考えたら外交と安全保障と危機管理の能力不足の問題に行き当たります。「原発は暴走しないんだから、司令塔もマニュアルもいらないでしょ」ってことですから。ちなみに小川さんは、東京電力のサイバーセキュリティのアドバイザーもやっていたそうです。

「福島の前に、２００７年の新潟中越沖地震による火事が柏崎刈羽原発でありましたよね？　あのとき副社長を対象とするコンサルを2回やって、原子力事故に対して、組織・人事・最低限の装備を全部出したんです。そしたら福島第一原発事故が起きてしまった。東京電力の人は『小川先生のおっしゃった通りになっちゃいました……』って言っていました」

原子力発電所に関しては、テロ対策も重要ですが、その点も課題が多いそうです。

「原発のテロ対策は企業よりも、警察の仕事です。しかし日本の警察のレベルは高くない。確かに最低限のテロ対策はしています。でも危機管理は、日本で通用するけれども、海の外に出たら通用しないものっていうのは0点なんです。世界のどこでも通用するものでなければ合格点はもらえない」

危機管理に関しては、攻撃する側の気持ちになって考えてみればいいんじゃないでしょうか。日本をどうやって攻撃しようかと相手側の立場で考えたら、自ずと弱いところが見えてくるはずなのに……。

「それは本来、危機管理の司令塔組織がなければできない仕事です。日本の危機管理に関する組織には、警察、消防、海上保安庁などがあるけど、国際的なレベルに近いのは自衛隊だけ。自衛隊だけはアメリカにとって同盟国の軍隊として重要なので、年がら年中合同訓練をしているから、自ずとすべてのレベルが上がっている。他は警察、消防、海上保安庁にしても、個々には能力が高い人はいますが、組織としては、思想や戦略がない。外国との関わりにしても友好、親善、交流が前提ですからね。友好、親善しかしてない組織が、相手国が敵意を持って何かをやってくるかもしれないという性悪説に基づいた危機管理をやれるはずがありません」

日本の危機管理は、自衛隊以外は国際レベルに達していないという現実。事実ならこんな怖いことはありません。ホンマ、呑気な国ですよ。

『どうして日本のテロ対策は進まない？』

小川さんによれば、２０１５年に、ドローンが首相官邸の屋上に落ちた事件も日本の警察の非常識ぶりを象徴していると言います。危機意識がないというか、本当に日本の警察は大丈夫かなと思ってしまいます。しかもこんなニュースが世界中に流れるなんて、日本でテロを起こすのなんて簡単だって宣伝してるようなもんやで。

「世界が気づいたわけですよ。『日本の警察は勇敢だ！　命知らずだ！』と。まあ、これはバカにされてるんですけど……。なぜならドローンが落ちた後、鑑識の警察官が市販されている普通のマスクを着けただけでそのまま現場に入ったんですが、外国ではそんなことは絶対にしない。ドローンが何を積んでるかわからない訳だから、まずは防爆スーツを着て、爆発物がないかをチェックしてOKが出れば、次に化学防護服を着た人間が現場に入り、サリン等の毒ガスを積んでいないかを見て、これにもOKが出てはじめて鑑識が入ることになっているんです」

ちなみにあの事件でもうひとつ、僕が個人的に思ったのは、首相官邸から1キロメートル圏内を必死に捜索していたこと。ドローンっていうのは、飛ばす前にGPSで座標をセットしておけば、コンピューター管理でそこまで勝手に飛んでいくもんです。それを1キロ圏内は電波が届くから、操縦者がその範囲にいるはずやって捜索してたらしい。ドローンをラジコンと同じようなもんだと思ってたんでしょうか……。いやいや、そんなん、『月刊ラジオライフ』にも書いてあるで。結局、犯人の身元が割れたのって、本人が名乗り出たからやからね。他にも問題があるようです。

「2002年3月、新しく建設中の首相官邸の危機管理の最終チェックをしたのは私なんです。当時、国交省と総務省の課長が一緒にいて、官房副長官の指示で僕がチェックして、26カ所の穴が開いているから直せ！　と指示しました。その中には、空からの特殊部隊や無人機の接近も入っていたんです。ドローン事件が起きて、一緒にチェックした課長二人から、『小川さんが指摘した部分について、警察は何も対策をとっていなかった』と言われましたよ」

その後、警察の担当者は頭を抱えて逃げ回ったそうですが、ただ、担当者がサボっていたというわけでもないそうなんです。

「いわゆる縦割り行政のせいですね。いくら官房副長官や、他省庁のトップ官僚が言ったところで、警察庁は警察庁でやっていますから、って話になるんです。日本の場合は何かを変えるのに、メンツとかプライドの問題とかも絡んでくる。本来は形を整えたら、それをチェックする横軸の責任者がいればいいんです。でも、チェックするってことは、形を整えた人の顔を潰すことになるから難しいんです」

この話を聞いて思い出したのが、先進国と発展途上国の比較の話。実は途上国になればなるほど、何かの政策を遂行する際、そこにメンツとかプライドが入ってくると聞いたことがある。そうした面では、日本はまだまだ発展途上国なのかもしれません。

『自衛隊のレベルは世界と比べてどうなん？』

メンツやプライドにこだわりすぎて、本当の利益が失われているという意味では、自衛隊の訓練についても心配のタネは多いらしい。小川さんは小野寺前防衛大臣にも同じ話をしたことがあるそうですが、アメリカ海軍の訓練って、相当エゲつないそうです。

アメリカ海軍には特殊部隊「シールズ」から独立した、「デブグルー」という対テロリスト特殊部隊があって、これはもともと「チーム6」という対テロ部隊だった。で、この部隊は、同じ海軍の部隊に対して、テロリストや他国の特殊部隊の立場になって実戦さながらのチェックをたくさん行ってきたそうなんですね。

この訓練が、聞いたらまたすごいんです。訓練だという事前通告は一切なし。しかも事前にテロを装った脅迫メールや電話なんかをどんどん送りつけて、わざと警戒レベルを上げさせておく。そのうえで攻撃目標に設定した場所まで入り込んでしまう。有名なケースでは、大統領専用機・エアフォースワンのすぐ隣に自動車爆弾を置くことに成功したそうですし、弾道ミサイルを積んだ原子力潜水艦のミサイル区画に忍び込んで模擬爆弾を置いた事例もある。

この部隊の初代指揮官がシールズを辞めた後に、こうした訓練の実態を暴露しています。本当なら機密事項のはずですが、これらの訓練でメンツをつぶされた部隊の指揮官が、寄ってたかって「チーム6」の指揮官を吊るしあげたため、彼は怒って海軍を辞め、書いたらしい。現在、この指揮官はコンサルで成功しているそうです。

小川さんは、「もし自分が防衛大臣だったら、特殊部隊を使って、自衛隊のめぼしい部隊を攻撃させる。指揮官を縛り上げてカメラの前に座らせ、全部録画して、言う事聞かないとこれをネットに出すぞ！　ってやりたいくらいです（笑）」と話していましたが、日本ではなかなか難しいようです。そりゃあ、やられたほうはタマったもんじゃないし、プライドもあるのはわかります。でも、こういう訓練って、かなり効果がありそうじゃないですか。

　実は小川さんの知人が、山形県神町の第六師団の師団長だった当時、特殊部隊に自分の部隊を攻撃させるという、シールズに似た訓練をしたことがあるそうです。さすがに完全にダマで始めたわけではなく、事前に「警戒態勢を取れ！」とは伝えたそうですが、具体的に何が来るとは言っていなかった。で、部下も必死になって人垣を作って警戒した。それこそ10メートルおきに警戒の隊員を立たせたそうですが、結果は目標地点で爆発物がさく裂。このとき、特殊部隊はその辺の料理屋の出前に扮して、出前持ちのカブでトコトコとやってきたそうです。そのおかもちの中に爆発物が入っていたんですね。

　これは訓練だったわけですが、もしこれが本物のテロリストだったら大惨事です。そうならないためにも、このぐらい本気の訓練は、どんどんやるべきでしょう。そのうえで失敗を現場にフィードバックしていけば、自衛隊の経験値も上がるんじゃないでしょうか。

もちろん、日本の警察だって何もしてないとは言いません。海外のＶＩＰが来日したときなんか、宿泊ホテルの周囲には50メートルおきぐらいに警官が立って警備している姿を見かけます。いろんな駅でもたまに警官が来て、ゴミ箱を覗いていったりしていますが、でもそういうことじゃあないと思うねんな。歌舞伎町や東京駅でも職質してる姿を見るけど、見るからに怪しそうな奴を職質したって意味はない。テロリストがそんな怪しそうな格好をして歩いているわけないですからね。

『アメリカが日本の自立を止めている？』

日本の防衛費は年間およそ5兆円だそうです。２０１７年度のデータでみると、トップのアメリカ（約67兆円）、２位の中国（約25兆円）に比べてかなり少なく感じますが、これは世界第8位の規模になります。

ただ、小川さんに言わせれば、日本の軍事力というのは、アメリカの意向によって規制されている部分があり、かなりいびつな構造になっているらしいんです。

「具体的に言えば、日本の軍備からは明らかに〝攻める能力〟が削られているんです。〝戦力投射能力〟と言うんですが、これは戦争になった場合、敵国の領土に上陸して、占領までできる能力のこと。その能力が削られたのは、敗戦後の再軍備の際からで、アメリカが意識的に規制をしてきたためです」

つまり、自衛隊は最初から自立できない構造になっているんですね。

「もちろん日本は専守防衛をうたっていますから、他国の領土に侵攻するような事態は想定されていません。ただ、少なくとも軍事面から見た場合、いくら射程の長いミサイルや、航続距離の長い航空機を持っていても、この戦力投射能力がなければ、お話にならないんです。仮に北朝鮮や中国といった国と戦争になった場合、最低でも50万人規模の陸軍を上陸作戦に投入することが必要になりますし、それに応じた規模の海上自衛隊、航空自衛隊が必要ですが、今の自衛隊は、陸海空のどこを見ても、それだけの力はありません」

それでもアメリカが日本に期待している「軍事力」は二つあるらしい。そのひとつは海上自衛隊の対潜水艦能力です。

「海上自衛隊の持つ潜水艦狩りの能力は世界2位と言われるほど高い。その日本と1

位のアメリカが組んでいるから、中国海軍は好き放題にはできないし、北朝鮮の潜水艦も動くことすらままならないんです。海外からの輸出入の生命線であるシーレーンの防衛は、日本だけでなくアメリカにとっても重要になっているんです」

もうひとつは航空自衛隊。この日本列島を空の脅威から守る防空能力も、世界的に見れば3~4番目にランクされるほど強力なんだそうです。アメリカにとって、日本は日本列島そのものがアメリカ本国に近い能力が置かれた、ほかに代わる国がない虎の子です。その国土を防衛するための防衛力が航空自衛隊というわけです。

「この対潜水艦の能力と防空能力を除いたほかの部隊は、平均的な能力があればマシというレベルで、最初からほとんど諦めているような分野もあります。日本の防衛費5兆2000億円のうち、約44%は人件費と糧食費、つまり給料と御飯に使われていて、兵器導入に使われるのは全体の30~40%程度。残りは訓練用の費用になっているそうですが、このうち対潜水艦能力、防空能力にかなりの重点が置かれているわけです。軍事的にはかなりいびつな構造ですが、これはアメリカからの要望に応えてきた結果なんですね」

僕がこの話を聞いて一番驚いたのは、実は日本人が自ら、国防のためにはどのくらいのレベルや規模が適正なのかを議論したり、政府から国民に問うたことが一度もないということです。

アメリカの要望かどうかは知りませんが、根拠のない定員で数字を決めているわけです。小川さんも、「総理が国民に対して適正能力、適正規模を問いかけて、それに近づけないと」と言っていましたが、本当にその通り。

防衛費に何兆円、何千億円を使っても、いざという場面で自分の国を守れないようでは、防衛費ゼロ円で一切武装しませんというのと一緒です。国を守るためには最低限これだけお金が必要というのは、やっぱり国民に発信するべきでしょうね。

『基地を沖縄県外へはあり得るの？』

日本とアメリカの安全保障条約を考えるうえで、避けて通れないのが「沖縄」の問題。戦後を通じて、アメリカ軍の駐留というリスクと負担を国から押し付けられてきた沖縄の基地問題は、日米問題の象徴のように論じられてきました。でもアメリカから見ると、「アメリカ軍基地は沖縄県外に」という考えは「ありえない」レベルの話だそうなんですが、本当のところどうなん？

基地問題についての著書がある小川さんも、「基地問題は日本だけでなくアメリカも含めた問題であり、残念ながら沖縄の事情だけでは論じることはできない」と言います。小川さんは、沖縄問題には深くかかわっており、たとえば96年に橋本龍太郎内閣が普天間飛行場の返還を決めた際には、当事者の一人でしたし、その後も自民党の小渕恵三内閣、小泉純一郎内閣、民主党の鳩山由紀夫内閣で首相補佐官就任を要請されたこともある専門家です。

その専門家の目から見れば、よく言われる「普天間基地の沖縄県外への移設」といった主張は、現実的ではないそうです。ポイントは、やはり沖縄に基地があることが、戦略的に大きな意味があるから。

「現在、日本列島には84カ所の米軍基地がありますけど、アメリカにしてみれば、この中で東南アジアから中東方面に目を配るためには、やはり沖縄が一番重要なんですね。実際、アメリカは尖閣諸島をめぐる問題でも、オバマ政権のときに中国の習近平国家主席に対して『尖閣諸島を守ることはアメリカの国益である』と、2度も強い圧力をかけていますからね」

無人島である尖閣諸島のケースと同じように、基地問題は地政学的な条件を踏まえて、日本列島の防衛という観点からも見なければなりません。そうなると、沖縄だけに絞って米軍基地問題を考えること自体がおかしいということになるわけです。

「沖縄の海兵隊の地上部隊は、台湾海峡と日本の南西諸島の防衛で抑止力を発揮しています。7割から8割のウエイトでそっちを見ている。残り2〜3割が朝鮮半島。朝鮮半島の場合、強力な韓国軍がいるし、アメリカ陸軍もいる。海兵隊の役割は限られるのです。それに対して台湾海峡や尖閣諸島の周辺は、中国が手を出しやすい位置関係にあります。しかし、沖縄からならオスプレイで1時間半から2時間程度で行けるわけです。中国にしてみれば、少数でもアメリカの正規軍と衝突することは全面戦争への突入を意味するから、手出しをためらう。だから抑止力になる。沖縄の海兵隊は明らかに抑止力として働いているんですよ」

日本では「どこの国に対して防衛力を備えるべきか」という仮想敵国の議論もよく聞きますが、小川さんの見解はこうです。

「周辺の環境は常に変わるもので、あるときは中国、あるときは北朝鮮、あるときはロシアに対してという状況対応型の議論は意味がない。状況が変わっても、一定の安全を確保できなければだめなんです。だから沖縄県外に基地を移転するという考え方は、そこに穴を作ることになる。沖縄の海兵隊は抑止力じゃないなんて平気で言う人は、何もわかっていない」

小川さんは、沖縄に基地があることは日本と沖縄の安全保障上の必要条件だと強く主張します。仮に日米安保に依存しない場合、日本の防衛費は何倍にも膨れ上がることになるのも無視できない現実です。

もちろん沖縄の人たちの心情も大切ですが、日本全体の国防を無視するわけにもいきません。難しい問題ですが、沖縄の基地問題は、沖縄の人だけでなく、日本人全員が考え続けなければならない課題であることだけは肝に銘じておきたいと思います。小川さんも「日米地位協定や特別協定によって犯罪と事故から沖縄の人たちを守り、沖縄県民は無税にするなど国民全体で負担を分かち合うことを実現できるとよいでしょう」と言っています。

『徴兵制復活はさすがにないでしょ？』

実は自衛隊が、将来的な人手不足を心配しているって知ってました？発足から現在に至るまで、日本の自衛隊は志願制で成り立ってきているのはご存じかと思いますが、北朝鮮をはじめ、中国やロシアといった国々との関係は依然として緊張が続いています。また、世界の警察を自任してきたアメリカとの安全保障条約のもとで、将来的にはアメリカと歩調をそろえて自衛隊が海外の戦争に参加する可能性も出てきたそうです。

そうなれば自衛隊の絶対的な人員数が足りなくなるため、再び議論され始めているのが日本における徴兵制の復活なんだそうです。

小川さんに言わせれば、「自衛隊が米軍と海外の戦争に出かける可能性は限りなく低い」そうですし、また、人員不足についても、前にも触れた通り、そもそも国が国民に対して、自衛隊の適正規模を問いかけていないという問題もあります。

ただ、賛成・反対は別にしても、徴兵制を考えることは国民が国防を理解するうえで重要なことかもしれません。小川さんに聞いたところ、ドイツを見れば、そのことがよくわかるそうです。

「日本ではあまり知られていませんが、日本と同じく第二次世界大戦で敗戦国となったドイツは長い間徴兵制でした。そして、このドイツの徴兵制は明確な思想の下で行われてきたんです。それは、『国防は国民全員で担うもの』という意識で、これは『国民皆兵』と呼ばれています」

日本で徴兵制といえば、いまだに戦前の帝国陸軍の内務班に象徴される、マイナスイメージがほとんどかもしれませんが、国防を自衛隊に丸投げしている日本とはかなり違いますよね。

「戦後のドイツでは、軍は特別な組織ではなく、あくまでも国民の平均的な意識が貫かれている組織です。そのため、健全に軍隊が維持されているんです。軍隊の中のどこにも徴兵で来た市民がいるわけで、上層部が悪巧みしてもバレやすい。いわば、軍が暴走しないための歯止めが徴兵制という思想なんです。さらに言えば、ドイツの徴兵制では、病院や福祉施設で3年ほど社会奉仕活動に従事することで兵役を拒否できる『良心的兵役拒否』も認められていました。そのため、兵役に行った人間も行かなかった人間も、必然的に軍や国防について考える機会があったんです」

ドイツの徴兵制は11年に「停止」されたそうですが、その理由にも驚かされました。「廃止ではなく停止となったのには理由があります。というのも、年間5万人の兵力を徴兵制で賄っていたのですが、徴兵適齢の国民の人数はずっと多い。くじ引きで選ぶよりも、5万人くらいだったら志願制で簡単に集まる。だから停止したんです。しかし、『停止』ですから必要なときには復活できる。これを見せつけて、外国に手を出させないための抑止力にしているのです」

自衛隊とはほとんど接点を持たないまま社会人になる日本とはずいぶん違いますよね。徴兵制を頭ごなしに否定して議論を打ち切ることは簡単ですが、これをきっかけに国防について考えることは、決して無駄じゃない気がします。

『日本の情報戦力は話にならない？』

現代の軍事の世界で、兵器以上に重要視されているのが情報戦です。特に現代は、兵器システムの全てがネットにつながる時代とあって、サイバー戦の重要性が飛躍的に増しています。

実は小川さんはこの分野にも精通していて、以前はアメリカでスーパーハッカー出身の専門家と一緒に仕事をした経験もあるそうです。その小川さんが言うには、残念ながら今の日本はサイバー戦で完全に立ち後れてしまっているらしいんです！

「もともとコンピューターが普及する以前から、CIAやMI6といった世界の並み居る情報機関と比べて、日本の情報機関のレベルの低さは深刻な問題だったんですが、インターネットの時代になって、情報戦でますます水をあけられるようになってしまった。なにしろ、警察、消防や自衛隊の中でもパソコンが使えない人も多いですからね」

もちろん日米共同訓練に出るような第一線の部隊では、隊員全員が1人1台のパソコンを持って使いこなしているそうですが、普通の部隊だと、パソコンがまったく使えない隊員もいるそうです。

これは一般の僕たちからしたら驚きです。

「国防の最前線で最新鋭の兵器を扱う以上、普通に考えれば、コンピューターやプログラミングの試験などを設けて、高度に使える人の給料を上げたり、特別手当をつけるなどの待遇改善をすればいいというのはその通りです。ところが自衛隊の中では『コンピューターを使わない部署もあるので、それは差別になる』という、理解しづらい論理が強くて、なかなか議論が進まないんです。民間では、専門的な知識や腕を持った人間には、それに見合う対価を支払うという当たり前のことが、まだ浸透していないんですね」

その一方、小川さんが経験したサイバー先進国・アメリカの現場は、気持ちいいくらいの実力主義です。経歴を問わず、能力があれば重要な仕事にどんどん採用する。それこそ違法行為を働いていた凄腕のハッカーが政府や軍にスカウトされるという映画みたいなケースも実際にある。アメリカのNSAやCIAの元局員で、情報機関による個人情報収集の手口を暴露して一躍、有名になった、あのエドワード・スノーデンも元ハッカーですよね。

小川さんがアメリカで一緒に仕事をした元ハッカーの中には、彼らの親玉みたいな存在で、現在はNSAの顧問をしているジェフ・モスという凄腕の男がいたそうです。小川さんがジェフに「君は最初、なんでハッカーになったの?」って聞くと、「いや〜、子供の頃、無料で電話かけようと思ったからなんだ」と、あっけらかんと答えていたそうです。彼らは3〜4歳の頃からパソコンに触って遊び始めているんですね。

小川さんが会った別の黒人ハッカーは、ニューヨークの貧しい母子家庭で育ち、ゴミ箱に捨ててあったパソコンを拾って遊んでいるうちに腕を磨いたそうです。15歳でセキュリティー会社に侵入したところ、捕まってしまうのですが、逆に侵入した腕を買われてスカウトされた。当初は最低賃金で雇われたそうですが、のちに独立して、ハーバードの大学院にも通ったらしい。アメリカでは、こんな漫画のようなサクセスストーリーが、現実にいくらでもあるそうです。

僕も知り合いから似たような話を聞いたことがあります。数十年前、香港でハッカーをしていた14歳の子供が、当時のコンピューター産業の最大手だったＩＢＭにスカウトされ、そのままセキュリティー部門に採用されたというんですね。その子は、「うわぁ！　やった！　好きなだけパソコンをいじってお金がもらえるなんて最高！」と、大喜びしたそうです。確かに違法行為ですし、ほめられたことではないかもしれません。でも、僕たちが持っている常識を飛び越えてしまう強い好奇心や、実現させてしまう研究心がなければ、飛びぬけた腕は磨けないのかもしれません。

ひるがえって日本はどうでしょう。

「日本はもう、日本でしか通用しない受験競争の勝ち組ばかりですからね。小さい頃から塾通いをして、いい高校、大学を出て、普通に就職する。本当の意味でパソコンを使いこなすような経験をしている人間が、圧倒的に少ないんです」

ハッカーの世界では、みんな仲間のような連帯感があるそうですが、小川さんがジェフに聞いたところ、「日本人で仲間に入れていいと思えるようなレベルの奴は、常に一人か二人くらいしか出てこなかった」そうです。

最近になって、「日本ではロクに学校にも行かなかったけど、自力で覚えたパソコンで勝負をして、アメリカのコンサルティング会社で管理職になった」なんて若者が出てきていますが、いまだに国の機関や日本の大企業には、そういった人間をちゃんと雇う土壌はありません。これじゃあ、日本で優れたサイバー専門家は生まれないし、もし生まれたとしても、すぐアメリカにスカウトされてしまいます。

別に無理やりハッカーを雇う必要なんてありませんが、国際水準を超えたサイバー専門家がいないと聞くと怖くなってしまいます。ほんま、何とかしてほしいわ。

『中国があと30年でアメリカ超えってホンマ？』

この先、日本にとって脅威になるのは間違いなく中国でしょう。僕たち一般市民にとっても、ここ数年の領土問題などのニュースを見るにつけ、なんとなく中国の怖さを感じてしまいますよね。

小川さんは中国の人民解放軍とも30年近い付き合いがあるそうですが、その経験から分析すると、こうなるそうです。

「中国は2049年の建国100周年までには、アメリカに追いつきたいというのが基本的な考え方です。これは単純にGDPで追いつくということだけではなく、軍事や経済を含むトータルでのスーパーパワーとなり、世界一の国になるという意味です。軍事的に言えば、中国はアメリカから常に20年くらい水をあけられているという自覚がある。だから昔みたいに闇雲に突っ張らなくなってきていますが、裏を返せば、それだけ自信がついてきた証しでもある。『この分野はまだアメリカが進んでいるから、俺たちではすぐにできないけど、別のこの分野からならやっていける。ここに力を入れよう』という進め方ですね」

たとえば中国のスーパーコンピューターが世界一になったというニュースがありましたが、あれも実態はまだまだ追いついたわけではありません。アメリカや日本のスーパーコンピューターは何カ月、場合によっては、何年動かし続けても潰れない。潰れたとしてもすぐに直せるし、ちゃんとバックアップができるシステムなんだそうです。

ところが中国は「さあ本番や！」っていうときだけ動けば良いっていう考えだから、

1回の実験のために、周りの工場への送電を止めて、発電所からスーパーコンピューターにだけ大量に電気を送り込む。だから実用化はまだまだなのですが、それでも「世界一になった」とは主張できるわけです。

「軍事色の強い宇宙開発も同様です。近代兵器がハイテク化されればされるほど、データ中継用の人工衛星が不可欠で、アメリカは13個以上も打ち上げています。中国はまだ3個目を打ち上げたくらいで、この数を見るだけでも、軍事力の面では、アメリカとの差がよくわかるはずです」

ただ、中国の存在感は年々増しており、着実にアメリカを脅かす地力をつけているのも事実。実際、アメリカも中国の動向を無視することはできなくなっています。アジアにおける領土問題でも、「全部やめろ!」と強硬に迫らず、圧力をかけながらも、完全に中国のメンツをつぶさず、顔を立てる方針でやっていますよね。

では、そんな中国を相手に、隣国の日本はこれからどう対応していけばいいのでしょうか。小川さんによれば、中国と付き合っていくためには、まず漢民族のメンタリティーを理解する必要があるそうです。

「漢民族は、まずは要求を出したり強く迫ったりするのが常套手段。でも、相手が強く反発してきたら、今度はスッと避ける。正面衝突を避けるように迂回しながら、遠回りしてでも目的を遂げようとするんです。だから中国と交渉するときには、絶対に中国が目的の方向に行かないように強く押し返さなければならない」

中国が南シナ海で進める岩礁埋め立てをめぐる国際情勢をみれば、この微妙なパワーゲームの構図が見えてきます。ニュースを見た僕たち日本人は「明日にでも戦争を始めるんじゃないか？」と身構えてしまいますが、小川さんから見ると、中国は非常に抑制的に動いているそうです。

「岩礁埋め立てをめぐる対立では、強硬手段に出た中国に対して、ベトナムは6年前に領海を守る海洋法を成立させていて、これで中国船はベトナム領海には入らなくなった。フィリピンもオランダ・ハーグにある常設仲裁裁判所に訴えて、勝訴しています。中国はこの判決を『紙切れ』と一蹴しましたが、それでも一定の抑止力にはなっている。近年は、さらにオーストラリアが加わり、南からはインドが来ている。もちろん大前提として日米同盟の圧力があります。強硬に見える中国も、現実的には徐々に押されている立場なんです」

もっとも、周辺関係国の強烈な反発に対して、次にどんな手を打ってくるかは未知数ですし、「少なくとも、目的をあきらめることはない」のは、僕にでも想像がつきます。

同様に尖閣諸島をめぐる問題でも、本来の国際法で言うのなら、完全に日本が勝つそうですが、わかっていても、外務省が強く主張できていないという現状があります。

「日本の領海を守るための法律が形だけのものなんです。一応は国連海洋法条約に基づいて対処することになっていますが、裏付ける国内法がない。その一方で、中国は92年に『領海法』という法律を作っている。国連海洋法条約は遵守するけど、国内法として領海法があって、中国の領海に入る船は事前に許可が必要になりました」

要するに、許可なく入ったら「いてまうぞ！」っていう法律ですが、日本にはその法律がない。だから、中国はふわっと来よるんですね。

こうしてみると、中国の指導者たちは、日本の法律や政府の考え方までしっかり調査、勉強して戦略を立てていることがうかがえます。対して日本は、中国の思惑通りに動かされてきたのかもしれません。少なくとも中国が領海法を作った92年の段階で、真剣に議論をしておくべきでした。

いずれにしても、２０４９年まであと30年。中国の深謀遠慮としたたかな戦略に対抗するため、日本は軍事力や国際法など、多面的な条件を整える必要がありそうです。

コラム②

なんで日本政府は北朝鮮の本当のこと、国民に教えてくれへんの？

ミサイル発射に核開発と、国際社会で大暴れをしてきた隣国・北朝鮮をめぐる状況がめまぐるしく動いています。18年9月には韓国との首脳会談が行われ、「非核化達成に向けた道すじで合意した」という韓国との「平壌共同宣言」も発表されました。

でもそれ以降、アメリカと北朝鮮の会談は微妙な結果だし、中国も何を考えてるのかわからんまま。日本としてはアメリカの行動待ちでしょうが、なんか、すっきりしません。

まあ、しゃあないかなとも思うのですが、それでも北朝鮮問題については、昔から疑問に思っていることがあります。それは国も新聞も、なんでもう少し〝ちゃんとした情報〟を教えてくれへんのかっていうこと。

京都の北のほうで育った僕にとって、子供の頃

から北朝鮮問題は身近な話題でした。北隣の福井県ではしょっちゅう北の船が漂着してたし、ラジオをつければ謎の暗号放送がウニョウニョ聞こえてきた。周囲には在日の人らもたくさん住んでて、ときどき知り合いの親父が北にピアノやらベンツやらを送って捕まったなんて話もよく聞かされました。

拉致問題にしても、02年の小泉訪朝で被害者が帰ってきたことで、ようやくマトモに報道されるようになりましたが、それまで全国区のニュースでは、「あるかないかわからん」ような緩い報道しかなかった。僕らの地元では、北朝鮮の拉致なんてそれこそ「子供でも知ってる」ような話やったんですけどね。

そういえば02年以降、地元の近くの村で急に警察が増えたんやけど、これも、もともと北のスパイを見張るための公安がたくさんいたんやけど、拉致が公《おおやけ》になったから堂々と警察を名乗れるようになったからなんやて。

今現在も、北朝鮮に関してはとにかく「あの国はおかしい」っていう情報ばかり目に入ってきますが、専門家である小川和久さんに聞くと、少なくとも軍事・外交面での北朝鮮って意外と理性的らしい。政治の専門家でもある髙橋洋一先生によれば、南北会談直前まで、北朝鮮が〝有事〟になる可能性がメチャクチャ高いというのが国際常識になっていて、だからこそ北は対話路線に舵を切ったそうです。

もちろん外交上の秘密やら、人権なんかの難しい問題があるのはわかるし、単純に情報がなくてわからないということもあるのでしょう。けど、ほとんど何も知らされない国民って、どうなんでしょうか。

第四章

日本と世界の歴然とした差

国際社会のなかのニッポン

『日本はゲーム後進国なん？』

最近、耳にする機会が増えてきたのが「eスポーツ」です。簡単に言えば、一般のスポーツと同じように、ゲームを競技として行うもので、「アジアオリンピック（正式名称・アジア競技大会）」ではeスポーツがメダル種目として認定されており、ゆくゆくは本物のオリンピックでの採用も目指しているそうです。

すでに海外では、ゲームの収入だけで生計を立てるプロゲーマーが誕生しており、日本でも専門学校ができるなど、徐々に浸透し始めているのだそう。

そんなeスポーツですが、日本がやっと世界に追い付いたという話を、木曽崇さんに教えてもらいました。

木曽さんはカジノの本場・ラスベガスで実務を経験した後に帰国し、「国際カジノ研究所所長」「エンタテインメントビジネス総合研究所客員研究員」として、カジノをはじめとしたさまざまなビジネスに携わってきました。

任天堂やソニー、セガサミー、バンダイナムコ、スクウェア・エニックスといった世界的なゲームメーカーが何社もあり、世界中でプレイされているゲームを生んできた日本だけに、普通に考えれば少々意外ですが、木曽さんによると日本がeスポーツで世界の趨勢に〝やっと追い付いた〟のには理由があるそうです。

「ひとつは賞金の問題です。日本の法律では、景品表示法の規制などがあって、〝ゲームの結果にお金を出す〟という賞金には制限がかけられてきました。そのため海外のように優勝賞金何千万円という大会が開けなかったのです。賞金が低ければ、海外のトッププレイヤーも参戦しませんし、日本からトップ選手も育たない。これではなかなか盛り上がりません」

こうした事情に則り、時代に即して、2018年にeスポーツ大会の賞金に関する新たな法律上の解釈が発表されました。

「景品表示法を所管する消費者庁が発表したeスポーツ大会賞金に係る法解釈では、

ゲームの販売促進のための大会は依然として景品表示法上の規制を受けるものの、『観客に見せる為』に開催される興行性のあるeスポーツ大会に関しては、その賞金は出演者に対する仕事の報酬とみなされ、景品表示法上の景品としての規制を受けないと説明されました。すなわちeスポーツは野球やサッカーなどと同様のプロスポーツ興行としてならば、大規模な賞金制大会が開催できることとなったのです」

ただプロスポーツである以上、興行としての地力をつけていくことが求められます。そのために必要なのが、イチローや中田英寿のようなスタープレイヤーの出現です。でも、これも一朝一夕にできるほど簡単じゃありません。

「なかなか日本からトッププレイヤーが育たないという問題は、日本のゲーム業界がずっとガラパゴスだったこととも関係しています。日本でのゲームはコンシューマーゲーム機（家庭用ゲーム機）が中心になって発展してきました。それに対して海外はPCゲームが主流で、最近ではスマホゲームも増えている。日本のゲーム業界は世界の潮流と歩調が合っていないんです。にもかかわらず、いまだに日本のメーカーは家庭用ゲーム機を中心にeスポーツを進めていこうとしているから無理が出てくる。現状のままでは、日本が世界と同等にeスポーツで競う環境になるのはなかなか難しいかもしれませんね」

そういえば吉本興業もｅスポーツ事業へ参入して、プロゲーマーを育てるというプロジェクトを始めています。吉本興業が目をつけるくらい一般化してきたということかもしれませんが、頑張って世界に追いつき、このジャンルを盛り上げてほしいですね。

『日本の通信環境はかなり特殊らしいで！』

今や、ほとんどの人にとってスマホなしの生活は考えられません。僕もスマホは日常的に使いますが、それでも今の若い世代がスマホにかける時間の長さや課金額にはビックリしてしまいます。

僕らが「10万円の靴を買いました」なんて言うと、「高いわあ。やっぱり芸能人は違うわ」なんて言われるんですが、そう言う人に限って、スマホゲームに平気で10万円くらい課金してたりする。どっちがすごいねん！　と思ってしまいます。

人によっては本当に暇さえあればスマホをのぞいていて、通勤・通学中も、喫茶店でもみんなスマホ。ほかにすることが少ない新幹線での長距離移動時なんかは仕方ないにしても、空いた時間をすべてスマホゲームに課金して時間を浪費するという風潮はちょっと理解できません。

よくあるのが待ち合わせまでちょっと時間が空くといったケースですが、僕の場合、日本でも海外でも少し時間ができればデパートに行っていろんなものを見て回ったり、本を読むとか映画を見たりもします。ただブラブラと街を歩いてみるだけでもいいんです。そうした日常が新しい発見や、価値の勉強にもなると思うのですが、スマホはそうした機会を根こそぎ奪ってしまいます。デート中の男女が向かい合ってスマホをいじっている光景は異様だし、何も生まれない。

実は、これまでパチンコなどのギャンブルに流れていたお金が、一斉にスマホ課金に流れているという指摘もあるのですが、なるほどなあと思ってしまいます。もちろんスマホ課金の先にもいろいろな産業があって経済が回っているというのはわかりますが、ここまでいくと文化的な貧しさすら感じてしまいます。日本はその辺も含めた教育を、もう一度しっかり考えたほうがいいんじゃないでしょうか。

日本の携帯事情で言えば、もうひとつ不満があります。それは、日本のスマホ通信事情が世界と比べてかなり特殊になっているという点です。

欧米の場合、外国に行ったときにはフリーSIMを入れ替えて使うのが一般的です。ところが日本ではそうではなく、今まではWi-Fiが基本でした。一時期は全国津々浦々にWi-Fi網を整備しなければいけないという議論があったほどで、今でも主流はこちらです。

スマホの前世代の携帯電話の頃から言われていたことで、各携帯のキャリアがユーザーを囲い込むためという側面が強かったわけですが、これによって日本の携帯は、国際的にかなり使いづらい状況になってしまいました。そういえば携帯電話の時代から日本の携帯は「ガラパゴス化」と指摘されていましたよね。

外国人観光客を国内に誘致する際にも、このハードルの高さがネックになっていて、僕も外国の友達から、「日本の携帯は制度が違うから使いづらい。何とかならないのか」といった不満をよく聞きます。

たとえば日本に来る観光客が、スマホを一番使う場面といえば、地図アプリを開いて行きたい場所を検索するというときでしょう。でも、そういう検索は移動しながら見ることも多いし、現実的にはＷｉ-Ｆｉではとてもカバーできません。そもそもＷｉ-Ｆｉの設定も面倒です。外国人観光客を増やそうという文脈で言っても、日本の携帯電話事情はどうにかしてほしいところです。

ここ数年で、観光地の京都あたりを中心に少しずつ状況が変わり始めています。２０１５年頃からは格安ＳＩＭがどんどん出て、旅行者も利用しやすくなってきました。個人的にはもう一歩進めて、成田空港で簡単にＳＩＭを買えるようにすればもっと便利だし、そういう便利さこそが、観光客に対するおもてなしになると思うのですがどうですかね。

『日本って稼ぐの下手ちゃう？』

経済にはいろんな側面がありますが、今、僕が一番気になっているのが「ナイトタイムエコノミー」の話です。簡単に言えば、〝夜の経済活動〟を活性化させ、停滞している日本の経済を成長させようという考え方です。

このナイトタイムエコノミーについて教えてくれたのは、先ほどもご登場いただいたカジノ産業の専門研究者でもある木曽崇さん。木曽さんはカジノ推進をする中で、早くからこの「ナイトタイムエコノミー」の重要性を提唱してきました。

夜間に行われる経済活動といえば、真っ先に思い浮かぶのはやっぱり水商売でしょう。お酒を出す居酒屋やバー、キャバクラやホストクラブといった飲食店、それにダンスやディスコ、クラブといった夜遊びなどですが、木曽さんによればナイトタイムエコノミーは、それだけではなく、もっと幅広い概念になるそうです。

「それこそ日没から翌朝まで行われる経済活動すべてのことで、公共交通機関などの生活インフラの問題、コンビニや飲食店などの営業時間、さらには夜間医療なども含まれます。当然ながら、これまでも夜の経済活動は行われてきました。今では多くのサービスが24時間体制に対応するなど利便性も向上していますが、まだまだ成長・発展できる余地が残っている手つかずの分野がナイトタイムエコノミーなんです。実はこれまで、日本でナイトタイムエコノミーに関する振興が政策的になされたことは一度もなくて、この分野は民間が勝手に頑張って、勝手に成長してきただけなんです」

確かに、たとえばはとバスなんかは、かなり早い時期から外国人観光客向けに、ストリップやキャバクラ、ホストクラブ、ゲイバーなどを巡るツアーなど、ナイトタイムの企画をやってますけど、別に国に言われて始めたわけじゃありません。

「とにかく、日本でのナイトタイムエコノミーは、ほとんど手つかずのままでした。それどころか、国の政策は振興とは真逆の規制ばかりだったと言えるでしょう。風俗営業法、いわゆる風営法がその最たるもので、深夜営業の許可が厳しいことはよく知られています。最近では、踊るほうの『クラブ』でも、有名店が時間外に違法な営業をしていたということで摘発される事件もありました」

この根っこには、ギャンブルに対する嫌悪感と同じ、夜の商売はどこかいかがわしくて怪しいものといったイメージがあるのかもしれません。

日本では元来、「夜は寝る時間」という考え方が根強く残ってきました。もともと日本人は農耕民族ですから、日の出と共に起きて、昼間に農作業をして、お日さまが沈んだら寝るというサイクルが「正しい生活」とされてきた経緯はわかります。でも、今の生活サイクルは多種多様で、これが絶対に正しい生活とは言えないでしょう。ついでに言えば、人類が「夜に寝る」ようになったのだって、ここ1万年ぐらいのことらしい。昔は動物に襲われる危険性が高い夜は寝てなかったし、アフリカでは、いまだに夜は寝ないという民族が三つくらい残っていると聞いたことがあります。

木曽さんは以前からナイトタイムエコノミーの推進をしてきましたが、風営法改正の議論では、日本人の根っこにある「夜は寝るもので、起きているのはそもそも不健全」という根強い既成概念に苦労したそうです。反対派の人たちが「なんでわざわざ夜に遊び歩くためのビジネスを推奨するのか」と主張するわけですね。

「もちろん、そこには仕方のない部分もあって、たとえばキャバクラのようなサービス業やダンスクラブのような場所は、風営法によって営業時間が厳密に決められています。しかし実際は、定められた時間を超えて朝まで営業しているお店も多いです。たとえばクラブのビジネスを見ると、儲けの中心は夜11時頃から深夜2〜3時くらい。そこを閉じてしまうと成り立たない。つまり、ほとんどの店は違法営業をするしかなかったわけです。実は、この実態が大きな問題で、ダンスクラブは実質的に違法営業を余儀なくされるため、表の資本が入りづらいという構図があったんです。違法営業をしないと儲からないから、どうしても〝裏の資本〟が中心になって動いていたんです」

夜の街が〝怖い一面〟を持っているというのは、なんとなく実感としては持っていましたが、こうして聞くと、そこにはちゃんとした理由もあったんですね。

『夜間経済ってなんやねん』

変化が始まったのはここ1～2年のことで、東京オリンピックが決まり、ようやく観光の振興、特に国際観光を振興するという文脈の中でナイトタイムエコノミーの活性化という主張が出てきたわけです。
ただ、国が「じゃあ、深夜営業のお店をたくさん作りましょう」となっても、実際に作るのは民間ですし、政府が助成金を出してくれるわけでもありません。となると結局どう変わっていくの？

「そんな中、政府が進めているのが風俗営業法の改正による規制緩和です。2015年に法が改正されて16年に施行された風営法改正の中で一番象徴的だったのが、ナイトクラブの営業に関する改正です。以前は深夜時間帯での営業が禁止されていて、営業は深夜12時まで、都心部でも深夜1時までで、それ以降の営業は禁止されていました。それが今回の法改正によって、特定地域においては、朝まで営業を認めるという形になりました」

特定地域には入っていなかった青山の老舗ダンスクラブ「青山蜂」が摘発されるというニュースがあったように、なかなかうまくいかない面もあるようですが、少なくとも以前よりはマシなほうに変わり始めていることは間違いありません。

「24時以降も合法的に営業ができる地域ができたことで、古い構造が変わり始めています。適法の範囲内で儲かるビジネスモデルになれば、大きな資本も参入してきます。たとえば六本木周辺では、既存のホテルが資本を投下して、ラウンジをナイトクラブにして営業を始めていますし、クラブを含んだ新しい開発をしようという計画も出てきています。大手音楽レーベルの中には上場しているところもあって、やっぱりコンプライアンス上、違法の業態はできないし、アーティストも出演できなかったのですが、合法になったことで参入が見込まれています」

実は日本の音楽業界はここ15年ほどの間、めちゃくちゃ損をしてきたそうです。何かといえば世界的な大ブームになっていたダンスミュージック「EDM」のブームに乗り遅れてしまったこと。

「EDMのジャンルでは、年収が何十億円というスターDJが海外で何人も誕生しましたが、日本での盛り上がりは限られた範囲で、せいぜい小盛り上がりぐらいだった。大型の資本が入らなかったため、日本は市場としてスルーされていたんです。有名DJのギャラは一晩で数千万円だったりしますから、規模の小さな日本のナイトクラブでは興行が成り立たず、日本を飛び越して韓国やシンガポールのほうに行っちゃってたんです。その意味でも、クラブにはまだまだ可能性があるんです」

僕自身はクラブに踊りに行くような生活はしていませんが、「それって、なんか新しい商売ができるんちゃうか?」という話をするのは大好きです。ナイトタイムエコノミーを耳にするようになってから、よく友達と話すのは、東京湾に巨大なフローターを浮かべてクラブにしてしまえというアイデアです。関西なら琵琶湖でもいい。外国人観光客に人気の高い京都などは、深夜12時にはほとんどの店が終わってしまいますが、これなら祇園あたりから深夜バスを運行して琵琶湖まで運び、夜は水上クラブで盛り上がることができます。海や湖の上なら、騒音も関係ないから深夜営業もできるし、富裕層にもウケると思うんやけどなあ。

現状では難しいかもしれませんが、法的な整備を含めて新しいチャレンジができる規制緩和を進めてほしいところです。

ともかく、適法の中で表の資本が入ってくれれば、そこから真っ当に経済が回るし、結果的に税収も増えることになります。お客さんが増えれば街の活性化にもつながります。改正法が施行されてから3年ほど経ったので、そろそろ大型の開発プロジェクトが成熟して、具体的な案件が出てくるかもしれません。

『登山者からお金取って何が悪いん？』

ナイトタイムエコノミーにも関連する話で、もうひとつ日本政府が力を入れている経済政策のひとつが観光です。以前から観光振興の動きはあって、小泉政権では２００３年に「観光立国宣言」をしていますし、２００８年には観光庁も作っていますが、イマイチ、効果はありませんでしたよね。

「それが今の安倍政権になって以降、ようやく観光が産業として根付いてきました。もちろん円安などの要因もあるのですが、大きいのは、国がきちんと観光で〝稼ぐ〟ということに焦点を当てたからでしょう。日本には歴史があり、独特の文化や美しい自然という観光資源があります。しかし、こうした観光資源は、そのまま見てもらうだけではほとんど儲かりません。自然も歴史的な建築物も、それ自体を見るためにはそれほどお金を使いませんからね。こうした観光客に対して、ちゃんとお金を使ってもらうという発想があまりにも弱すぎたんです」

この根本には、やはり日本人的な考え方があったようです。日本人の「おもてなし」という考え方はもちろん素晴らしいのですが、それだけでは商売としては成り立ちません。

お城でもなんでもいいのですが、どこかの史跡を訪れるケースで言えば、数百円の入館料、参拝料を払って2～3時間いられても、全然収入にはなりませんよね。数年前に、外国人に人気の富士山の入山料が1000円になりましたが、そもそもゴミの撤去費用や山道の整備などでむちゃくちゃお金は出て行ってたのに、それでもこの導入にはかなりの抵抗や反対があったそうです。よく「お金をとったら客足が遠のく」

といいますが、これくらいの徴収でどれだけマイナスがあるのかって話です。

「歴史や自然が日本観光の魅力であることは否定しません。ただ、そこでちゃんとお金を落としてもらう仕組みづくりが疎かになりすぎてるんです。日本人が観光で稼ぐのが下手なのは、自分たちが本当の旅行の楽しみ方を知らないからでしょう。欧米の人たちに比べて日本人は旅行を楽しむということが苦手なようです」

言われてみれば、今の日本の観光地は基本的に昼の観光がメインになっていて、夜になると観光資源として機能しなくなってしまいます。じゃあどこでお金を稼ぐかといえば、それが木曽さんの言う「ナイトタイムエコノミー」なんですね。

「ナイトタイムエコノミーの活性化は訪日外国人に楽しんでお金を落としてもらうことにもつながります。『日本人を夜にたくさん遊ばせる』という文脈では反対が大きすぎて振興が進まなかったナイトタイムエコノミーですが、東京オリンピックが目の前に迫ってきているという状況が免罪符になって、ようやく動き始めています。具体的にはまず場所づくりで、意外かもしれませんが、先進国の国際都市と比べると、日本は飲み屋やレストランといった飲食店に限らず、総じてお店が閉まるのが早いんです。夜に遊ぶことができる場所が少ないんですね。東京ですら、外国人観光客が遊ぶ場所が少ないという不満をよく耳にしますが、まずはこれを増やしていこうというわけです」

日本を訪れる外国人は総じて夜遊び慣れしていて、六本木以外の街でも飲み歩いている姿をあちこちで見ます。ところが日本では深夜営業をやっている店が少ないので、店を追い出されて路上や公園なんかにあふれている。渋谷でも、コンビニで買ったお酒を片手にハチ公像の前で飲んでいたりします。日本は治安がいいから、外でも安心して飲めるんですが、彼らが落としてくれるお金の受け皿がないということで、日本は大きなチャンスを逃しているわけです。

夜の楽しみ方はお酒を飲むだけではありません。

「本来なら、なんだってあっていいわけです。たとえばスポーツ観戦や音楽や演劇といったエンターテイメントでもいい。ただ、そうなると問題になってくるのが、日本では公共交通機関が夜遅くまで動いていないという点です。たとえば平日にショーを開く場合を考えてください。お客さんは会社や学校が終わってから会場まで来ますが、公共交通機関が動いている時間内に帰らせないといけません。夜の帰りの足まで考えて終了時間から逆算すれば、必然的にスタート時間も制限されてしまいます。ショーをやれる時間枠がほとんど限定されているんです」

意外かもしれませんが、今や世界の国際都市の交通機関は24時間営業しているところが増えています。ところが日本では、東京でも24時を過ぎると公共の交通機関がほとんど止まってしまうのです。以前、猪瀬都知事の時代に、東京の地下鉄の24時間化構想が議論されたり、実際に六本木と渋谷の間で深夜バスを運行させるといった取り組みもありました。残念ながら、猪瀬都知事の辞任などのゴタゴタに紛れて、いつの間にか終わってしまい、その後はマイナス面ばかりが強調されて、結果的には失敗の烙印を押されてしまいました。でも、僕はまだ十分に議論する価値はあると思っています。

ただ、木曽さんに聞いたところ、日本で深夜に公共交通機関を動かせないのには理由があるそうです。

「まず基本的に地上を走っている電車などは、騒音問題があって難しい。24時間営業が可能なのは地下鉄だけなのですが、たとえば東京の地下鉄は構造的に深夜営業ができないそうなんです。日本の地下鉄は基本的に上り1本、下り1本の複線構造なのですが、これを深夜も動かすと、深夜に実施が必要な線路のメンテナンス作業ができなくなってしまう。新しく開発をしようにも、東京は地下が混みすぎていて改修、開発するだけのスペースが残っていないというわけです」

　では、どうして海外は可能だったのか。

「たとえば24時間体制で地下鉄を動かしているニューヨークなどは上り下りにそれぞれ線路が2本ずつある複々線になっているそうです。もう何十年も前に、24時間走らせることを見越して複々線にしていたわけですね。ロンドンの地下鉄も以前は複線で東京と同じ問題を抱えていましたが、2012年のロンドンオリンピック開催に合わせて予算を組み、全面的に改修をして、その後24時間運行を実現しています」

　さすがにニューヨークのように先見の明がなかったのは仕方ないにしても、ロンドンと同じようにオリンピックというこれ以上ないチャンスがあったのに、結局は何もできなかった日本人ってつくづくアホやなあと思ってしまいます。

　本来ならオリンピック開催が、都市機能を再構築するためのいい機会だったんですが、議論すらほとんどなかったことには心底、ガッカリです。もはやオリンピックに間に合わせることは不可能ですし、本当にもったいないですよね。

　こうなると、今から東京オリンピック開催中の渋滞が心配になってきますが、地下鉄がだめなら京都みたいにバスを使う方法がいいんじゃないでしょうか。

たとえば以前に行った国で感心したのが、アフリカのタンザニアです。それほど裕福な予算がある国ではないので基本的には街中の公共交通機関はバスがメインなのですが、そのやり方が徹底していました。タンザニアのバス専用レーンは一般車両やバイクが入ってこられないようになっていて、バス1台分の幅の車線が数十センチだけ高くなっており、バスだけが走れるように作られています。路面電車のようなもので、これなら渋滞の心配もありません。今のところ、日本のバス専用レーンは一般車両が走り放題になっていますが、この方式なら深夜の騒音も大丈夫だし、少ない予算で実現できると思うのですが、どうでしょう。

とにかく、このまま深夜の交通機関の問題を解決しないまま2020年を迎えてしまうと、東京オリンピックで世界中に恥をさらしかねません。今のままでは、とても胸を張って「国際都市」だなんて言えませんよ。

『活性化には遷都しかないんじゃないですか？』

僕がかかわっている興行の世界でも、これまでの慣習にとらわれていることで、大きな機会損失をしているんじゃないでしょうか。

日本では基本的に、平日夜の興行はなかなか成立しづらい状況になっています。深夜に公共交通機関が止まってしまうため、逆算して興行を打てる時間帯が制限されてしまっているからです。東京ドームや神宮球場では夜22時以降は鳴り物の応援が禁止になるなど、周囲に対する騒音問題もあるんですね。

「たとえばプロ野球です。ナイターの試合は、ほとんどが18時前後の開始が通例となっていますが、平日だと試合開始時間までに球場まで行くのは、なかなか難しいはずです。途中から見るにしても、本来ならお弁当を買ったり、ビールを飲んだりする時間がかなり失われているわけです。特に、それなりに自由に使えるお金を持っている社会人層にとって親切ではありません。これだと平日の需要はなかなか回らないし、週末だけでは、興行を成立させるにも限界がありますよね」

これを教えてくれたのも、ナイトタイムエコノミーの専門家・木曽崇さんです。

「平日にやっているプロスポーツは野球やサッカーくらいで、Jリーグも基本は週末開催が多い。サッカーの試合は、まだ試合時間が短く終了時間も読めるのですが、それでもスタート時間の設定で結構モメたそうです。現行は19時か、ギリギリで19時半開始になっていますが、Jリーグとしては本当なら開始時間を21時くらいに設定したかったそうですよ」

コンサートや演劇などの舞台も同じです。これも木曽さんから聞いた話で、日本では劇団四季が公演している有名なミュージカル「ライオンキング」の比較です。もちろん東京だけではなくニューヨークなどの海外でも公演されているのですが、東京での開演時間は18時か18時半。ところがニューヨークでの上演は20時スタートになっていたそうです。

18時スタートだと普通の会社員の多くは間に合いません。終演後も、会場の周りの飲食店は少ないうえに終わってしまう店も多いから、ほかの街に移動するか、もう家に帰るしかない。でも20時スタートなら、会社が終わってからちょっとゴハンを食べたり飲んだり軽くデートをしてからでも、余裕をもって会場に行けますよね。

だから日本のショーエンターテイメントは、どうしても仕事を持ってない主婦層を中心に産業が広がっているという構図があるそうです。最初から、一番お金を落としてくれる可能性のある社会人に対する間口が狭くなっているのは、もう完全に損してますよ。

「ライオンキングでもうひとつ言えば、主人公・シンバの少年時代を演じる男の子は、夜9時以降は舞台には立つことができませんでした。そのため、日本公演ではカーテンコールに主役の子役がいないということがよくあったそうです。夜9時以降は演劇子役の就業が禁止になっているためです」

確かに同様のことはテレビの世界でもあって、紅白歌合戦などでもよく聞きます。

でも、これってどうなのでしょう。確かに子供の人権を守るための規則は必要ですが、そこはもうちょっと柔軟に運用してもいいんじゃないでしょうか。少なくとも文化として考えると、僕はすごく恥ずかしい。

安倍政権になって、「特区」のような形でこうした部分の規制緩和をしましょうという話がようやく出てきましたが、大げさじゃなく、こういうところから変えていかないと、世界に通用する役者なんか出てけえへんって、本気で思います。

もっとも、ソフト面である法律は変えられても、地下鉄や高速道路などのハード面は簡単には変えられません。特に文化の中心地である東京は、すでに開発は飽和状態です。

ならばいっそのこと、新しい都市を作って東京から遷都するくらいのことをやってみてはどうでしょう。そうすればガタがきている首都高も、地下鉄の24時間運行体制への移行も、まとめて作り直すことができますよね。ブラジリアという都市を作って首都を移したブラジルみたいに思い切ったことをやらないと、もうどうにもなりません。アメリカだってワシントンD.C.とニューヨークみたいにガバメントとビジネスは分けているし、そのほうが効率もいいはずです。

「過去には日本でもそんな議論がなかったわけではありません。１９９２年に『国会等の移転に関する法律』が成立し、99年には国会等移転審議会が候補地として3地域を選定しています。北東地域の〝栃木・福島地域〟、東海地域の〝岐阜・愛知地域〟、〝三重・畿央地域〟でしたが、いつの間にかこの議論もすっかり立ち消えてしまいました」

東京オリンピックという、国のグランドデザインについて考えるためのチャンスがせっかく来たんやから、この機会に東京の一極集中を緩和し、地方創生を進める議論が盛り上がってほしかったところですが、さすがにもう遅いよなぁ。

第五章

風邪薬は飲まないほうがいい!?

ニッポン人と健康

『薬ってホントに意味あるの？』

日頃から、世間のいろんな常識を疑ってかかる癖のある僕ですが、日本における医療の問題や、健康について、改めて考えさせてくれる契機となったのが、吉野敏明先生との出会いでした。

吉野先生は、西洋医学と東洋医学を融合した包括治療を行う口中医にして、1738年より続く漢方鍼灸医の家系に育った11代目。医療問題アナリストとしての活動もなさっているのですが、先生と親しくさせていただく中で、僕は、腹が痛くなっても薬を飲んで治すのをやめました。なぜなら、先生に「そういうときは薬を飲まずに、我慢して自然治癒させるのが一番」と言われたからです。

今の時代は、病気になった人が病院に行くと、何かとすぐに薬を処方されます。これは、現代医学ではアロパシー医学(対症療法)が主流だから。実際、病院に行くと、「頭が痛ければ頭痛薬、お腹が痛ければお腹の痛み止め、下痢だったら下痢止め」という具合に薬を処方されますよね。基本的にはすべてアロパシー、対症療法なんです。

このアロパシーに対して、病気のみを狙い打ちするのではなく、身体の自然治癒力を高めて治療するやり方をホメオパシー（自然療法、同種療法）と言うそうで、それが本来の治療なのだと先生は言います。

でも、現代医学ではあくまでアロパシーが主流なのも事実です。これって、不思議な話だと思いませんか？

吉野先生によれば、この矛盾の背景には「石油王」と呼ばれた、アメリカの実業家にして大富豪、ジョン・ロックフェラーの存在があるそうです。

「19世紀後半、ロックフェラーはアメリカの石油を実質支配した一方で、オイルラッシュがいつまでも続かないこともわかっていた。そこで今度は、永久に産業が生まれ続けるものを作ろうと考えたわけです。そこで彼が目をつけたのが医療産業であり、『病気を作り続けるシステム』です。何をしたかというと、石油製剤を使って治療機器や薬を作るということに対して莫大な援助をした上、自らも大学を設立し、大卒しか医者になれないという決まりを作った。医者を志す学生たちには『病気は科学（薬）で治すもの』という具合に徹底的にアロパシー医学の教育をほどこし、ホメオパシー学派の医師たち、つまり原因除去をしようとする人は、アメリカ医師会に入れなくした。そんな経緯があって、現代医学はアロパシーが主流になっていったんです」

これって、要するに患者が増えなければ、医者も病院も儲からない。儲けるためには、病気を根治させたらあかんということですやんか。

信じるか信じないかはあなた次第！　みたいな話ですけど、もし本当ならこんなに恐ろしい話ってあります？

『風邪薬が、風邪の治りを遅くする?』

吉野先生と話していると、医療の根本を考えさせられるような機会が多くあります。たとえば風邪をひくと、夕方くらいから身体が気だるくなって、夜中に熱が上がりますよね。風邪をひいたのが小さなお子さんなら、お母さんは慌てて救急車を呼ぼうとするかもしれません。しかし、夜中に熱が上がることにもちゃんと意味があるのだと吉野先生は言います。

「人間は体温が1度上がると、免疫が38％上がります。たとえば平熱が36度の人が40度になると、38×4だから、約3・6倍も白血球の機能が上がるわけです。3・6倍というのは白血球の数が増えるわけではなくて、貪食能といって、ウイルスを溶かして死滅させる能力が3・6倍になるんですね。また、クシャミをすることで鼻や口からバイ菌を出し、咳をすることで肺や気管支からウイルスを捨て、下痢や発汗することでもウイルスを捨てるわけです。つまり、風邪をひいて熱が出るのはウイルスのせいではなく、人間が免疫力によって熱を上げているんです」

でも、それを知らない普通の人は「風邪をこじらせたら大変」だと考えて、解熱剤や、総合感冒薬、病院で処方される抗生物質に頼ってしまいます。先生に出会う前の僕も、そう考えていました。

「ハッキリ言って解熱剤も総合感冒薬も抗生物質も、根本的な治癒という観点では意味がないと言えます。解熱剤を飲めば熱は下がりますが、同時に発熱によって、せっかく上がった免疫力も落ちますから、下手すれば平熱以下になったりして、高熱で死滅するはずだったウイルスが死ななくなるわけです。クシャミ止めを飲んで鼻にウイルスを溜め込んで、下痢止めを飲んで腹にウイルスを溜め込んでしまう。結果、治るものも治らなくしてしまって、1週間も2週間もこじらせてしまうんです」

では、どうすればいいのか。

風邪をひいたら、早く家に帰って暖かい格好に着替える。水分補給は必須だから温かいお茶などを飲み、布団に入る。バンバン汗をかくたびにこまめに着替えをする。そうしていれば、明け方になる頃には風邪は治ってしまうと、吉野先生は教えてくれました。

つまり風邪をこじらせやすいという人は、薬を飲むことで、逆に抵抗力や自然治癒力を落としてしまっていた可能性があるんですね。今の僕がそうであるように、これを知ったら簡単に薬なんて飲めないですよね。

『漁師のオッチャンに不眠症がいない理由は？』

日本のサラリーマンには、不眠で悩む人って多いやないですか。眠りたくても眠れへん……。これは当人にとってはかなり深刻な問題だと思うのですが、先生は言います。「不眠を治すことなんて簡単や」と。

たとえば、こんな話があったそうです。

吉野先生のところにも不眠症の患者さんが何人も来るそうですが、その中に九州から東京へとわざわざ通ってきた22歳の女性がいました。彼女は布団の中に入るのが大体いつも深夜0時前後で、眠りに就くのが朝7時くらい。起きるのが昼2時くらいだとか。聞けば高校生の頃から不眠で、当時は寝ている彼女に母親がムリヤリ制服を着せて、最悪タクシーに乗せてでも送り出していたので、なんとか高校は卒業できたそうです。ところが、大学に入って一人暮らしを始めたとたん、生活リズムがめちゃめちゃになって、退学どころか放校処分に。さすがに見かねたご両親に、精神病院に入れられてしまったんですね。

精神病院で彼女が何をされたかというと、薬で強制的に目を覚まさせられる。そこから朝ご飯を食べ、昼ご飯を食べ、夜になって眠れなかったら睡眠導入剤を飲まされ、それでもダメなら点滴で睡眠薬を入れられる。そんな感じで4カ月もの入院生活を送ったものの、退院したらたった1日で、また不眠症に戻ってしまった。結局、不眠症に逆戻りしてしまった彼女が頼ったのが、吉野先生のところやったわけです。

そこで、先生は彼女に、どうせ眠れへんやろうから「そのまま起きていなさい」と言うたそうです。「そのかわり、朝の5時くらいになったら、外に出て朝焼けの光を見なさい」と。ご両親にも「ただし、これは家族全員でやってください。親は寝てるのに子供だけ起きろったってやるわけないんだから、全員で徹夜して朝5時になったら、陽の光を1時間ぐらいぼーっと見てください」とアドバイスしたんだそうです。

そしたら、どうなったと思います？　しばらくして電話がかかってきて「一発で治りました！　入院したりしたのは、なんだったのでしょうか？」と言われたんやて。

彼女の長年の苦悩を思うと、ちょっと気の毒なほどの一発解決ですよね。

「不眠症で悩む方が間違えてるのは、1日何時間寝たかとか、眠りの深さのレベルとかを気にしてしまうこと。実はそれ自体はあまり関係なくて、大事なのは『何時に起きて、朝、何を見たか』なんです。人間は誰しも、日の出の太陽の、あの白からオレンジがかった波長の光を浴びると、大体16時間後にメラトニンという脳内ホルモンが出ます。そうすると、16時間後には自然と眠くなるんです。だって、漁業や農業の人で不眠症の人って聞いたことないでしょ？　昼に起きて、まっ昼間の太陽だけを見たり、蛍光灯の光を見てる人は睡眠障害になるに決まってるんです」

言われてみれば、確かに漁師のオッチャンで不眠症とか聞かへんもんな〜。

ちなみに、日の出の太陽を見られへんという人は、カーテンを引かずに寝るだけでもいいそうです。そうすると朝日が入ってくるから、不眠は改善されていくんやて。現在、不眠で悩んでる人が知ったら、「え、そんなシンプルな話なん?」と驚くんと違うかな。

『日本人には半身浴って意味ないらしいで』

女性に多いと思うのですが、冷え性で悩んでいる人はたくさんいますよね。この冷え性も、現代人のライフスタイルと少なからず関係があるそうです。

それは何かというと、お風呂。僕も若い頃はそうやったけど、風呂に浸からず、シャワーだけで済ます人って多いやないですか。でも、健康でいたければ、毎日熱い風呂に浸かることがとても大切やと、吉野先生は言います。

「まず毎日浴槽に浸かることで、末梢循環が良くなるから冷え性は改善されます。風呂は熱ければ熱いほどいい。銭湯は大体熱いし、草津温泉なんかは一番温度の高い浴槽は46度ですけど、慣れている人は10分ぐらい我慢して湯船に浸かったら、今度は水を浴びて、というのを1日4、5回やるわけです。白血球の機能は体温が1度上がると38%向上するので、そうするとアレルギーとかも治っちゃう。

要は、お風呂の最大の目的ってデトックスなんですね。熱い風呂に入って、次に水を浴びると、体表面の温度が下がる。血管が縮む。体表面の血流が悪くなると、その血液は内臓にいくので、肝臓や膵臓、胃に、ホースの水みたいに老廃物を流すんです。そこでまた熱い風呂に入って、水を浴びてを繰り返すことで、身体中に詰まった血栓が取れたり、毒素を汗で排出してくれるわけです」

そういえば、サウナ愛好家の間では熱い風呂と水風呂をセットで繰り返すのが常識みたいやけど、あの入り方がまさにそれなんですね。確かにサウナの本場、フィンランドなんかでも、サウナ上がりに氷が張ってる水に浸かったりしてるもんな。無茶苦茶なように思えて、理にかなってるんやなあと。

「その一方で、もっとも良くないのが半身浴。腰までしか浸からないことで上半身から気化熱が出て、体温が下がることによって脳がリラックスするわけです。これは寒くなると凍死するのに近い理屈です。女性でやってる人も多いですよね。でも、実は半身浴というのは日本人よりも体温が高い白人向けのもので、白人よりも体温が約1度も低い日本人がやると、かえって健康を損なう恐れがあるんです」

半身浴って、美意識が高い人がやってるイメージですけど、これを聞いたら考えざるを得ませんよね。まあ、僕はやらんけど。とにかく健康維持のためには、熱い風呂に入って定期的に身体から毒素を抜く＝デトックスするということが本当に大事で、デトックスをすることで回復力がつくのだといいます。

「誤解している人が多いんですが、睡眠を十分にとるとか、栄養を十分摂るとか、身体を鍛えるとかじゃ疲れは取れません。きちんと身体から毒素を抜くデトックスができていれば、どんなに疲れていようが、人間の身体は回復してくるんです。この回復力をつける上でも、毎日風呂に入ることが重要なわけです」

ちなみに吉野先生は3～4年かけて、だんだんと温度を上げていき、今では毎日48度の風呂に入っているそうです。水を浴びるのと交互に。しかし、48度って、想像するだけでも熱そうやわ～。

『疲労困憊のときこそ断食が有効!?』

回復力をつけるには、先ほどの「日の出の太陽の光を見る」ということも有効ですが、何かと忙しい現代人は、明け方に帰宅したりして生活リズムが狂うことが多々あります。でも、そんなときには家に帰ってすぐ寝たりしないで、まずは風呂に入る。そして、そのまま起きておくなり、早く起きるなりして、ちゃんと太陽の光を2、3分見る。これをやっておけば、回復力がつくサイクルになっていくそうです。太陽の光を見てさえおけば、むしろそこからの二度寝、三度寝は全然ＯＫ。一番ダメなのは、ずっと布団の中でウニウニしていることなんやて。

そして、僕の場合はどうやろなあと考えたら、僕は旅先だろうとなんだろうと、「今日のロケはどんな感じやろ」って、必ず朝起きて天気を見るんですよね。元からショートスリーパーってこともあるんやろうけど。

「せいじさんのように朝の光を見てる人は、ショートスリーパーでも全然ＯＫなんですよ。朝の光を見ると脳内にメラトニンやセロトニンが出る。これらは全部、免疫力を上げてくれるわけです。しっかり8時間寝ればいいとか、あんなのメチャクチャ嘘で、朝の光を見ていなかったら何も意味がない。ショートスリーパーって全員早起きでしょ。朝の10時から昼の2時までしか寝ないショートスリーパーとかあり得ないじゃないですか」

確かにそんなショートスリーパーは聞いたことがない。僕がいつも疲れを引きずらずに元気でいられるのは、知らず知らずのうちに、朝日を見る生活を続けていたからなのかもしれません。

ちなみに吉野先生によれば、本当に身体が疲れているときに回復力を上げたかったら、断食することが一番らしい。

「みなさん風邪をひいたりするとスタミナをつけようと思って、すぐに栄養を摂りがちですが、栄養を摂って血糖値が上がると白血球の機能は落ちてしまう。逆に、断食したほうが白血球の機能は上がるんです。風邪をひくと食欲がなくなるというのは、そういうことで、エネルギーが供給されないと『やばいぞ』ということで白血球が頑張るので、結果的に病気も早く治るというわけです」

疲れたときこそ断食と聞いて、ホンマかいなと思う人もいるかもしれませんが、僕は1週間断食をしたことがあるから、これはなんとなく体感としてわかります。というのも、僕が断食したときは体調が良くなったのを実感できたし、味覚とか嗅覚も研ぎ澄まされたからです。

伝説の雀士にして「雀鬼」と呼ばれた桜井章一さんも、大きな戦いの前の2週間は何も食わへんと聞いたことがあります。断食することで、感覚が研ぎ澄まされて場の空気が読めるようになるんやて。嘘かホンマか知らんけど、断食したことのある身からすると、なんとなくわからんでもない気がします。

『ケミカルなもんばっかり食べてません？』

僕は仕事でアフリカに行く機会が多いのですが、アフリカに行くと、いつも考えさせられるのが「食」についてです。

特にアフリカの中でも、ケニアや南アフリカなんかより、もっとローカルな地域の人たちはケミカルな食べ物をすごく嫌がるんですね。たとえば日本から持っていったカップラーメンを「うまいから食うてみ？」と、いくら勧めても食べようとしないんです。

でも、よくよく考えてみたら、それは彼らにしてみたら当然なんだろうなと思ったんです。というのも、彼らは普段から必要なものを捕って食べているから、訳のわからんカップラーメンみたいなもんを食べる必要がないんじゃないかって。

「まさしく、せいじさんのおっしゃる通りで、アフリカの僻地の人や、野生動物は本当に食べたいものしか食べません。内臓が欲するものを食べているんです。だから、カップラーメンも食べる必要がないわけです。この『内臓が欲する、本当に食べたいものを食べる』ということが非常に重要なんです。人間に飼われているペットは癌になることもありますけど、野生動物で糖尿病とか癌とか聞いたことあります？　絶対ならないんですよ」

吉野先生がこう言うように、確かに彼らの生活のなかには化学物質がない、加工食品もない、自動販売機もない。

お腹が空いたら、歩いている鳥を「美味しそうだな」って捕まえて食べる。野生のライオンもそう、シマウマが美味しそうだから捕まえるわけですよ。一方、我々はいつでもお腹を満たせるから、動物園に行っても「あれ食べたい」とはならないし、水族館でイワシの大群を見ても「あれを刺身にして食べたい」とは思わない。だけど、テレビCMとかに影響されているからか、自動販売機のものは買ってしまうんですね。いかに僕らの食生活が、化学物質に囲まれているかを考えさせられる話ですよね。

また先生は、アフリカに2週間くらい行って帰ってくると、羽田空港を降りてコンビニに入っただけで化学物質の臭いを感じることがあるといいます。これは僕も感覚としてわかるところがあって、実際、何週間もアフリカに行って帰ってくると、そういう毒っ気が抜けて、敏感になっちゃうんですよ。

「毒抜き、デトックスをすると、食の質も変わってきます。大体、人間の血液が全部入れ替わるのは80日くらいと言われています。つまり80日間正しい食生活を送れば、血液を全て入れ替えることができるんです。すべては食事なんですね。食生活で内臓が正常になってくると、欲するものが変わってきて、ちゃんと食べなきゃいけないものを食べるようになる。好き嫌いも、ほとんどなくなりますよ」

昔の人は、よく旬のものを食べたがるやないですか。あれも先生に言わせると、「地のもの、季節のものを食べることに意味がある」とのことで、理にかなっているんだそうです。そう考えると、必要なときに食べたいものを食べるアフリカの人たちこそ、理想的な食生活を送っているのかもしれません。

『酒とタバコやめても死ぬときは死ぬでしょ？』

よく健康オタクみたいな人って、いますやんか。酒もタバコもやらずに、食事にも気を遣って、規則正しい生活を送って……みたいな人。僕のおじいちゃんもそんな感じで結構、健康に気を遣う人やったんですが、割と早くに癌で死んじゃいました。

忌野清志郎さん（享年58）なんかもそうでした。規則正しい生活をして、自転車乗って、サプリメント飲んで、健康状態にこだわってレコーディングしていたっていいますよね。そんな健康にこだわっていた人でも癌で亡くなってしまう。すごく悲しかったんですが、アレって、いったいどういうことなんやろって思ってしまうんです。

一方で、ナベツネさん（渡邉恒雄、読売新聞グループ本社代表取締役主筆）みたいに、健康志向とは真逆の生活をしてても長生きしている人がいる。葉巻をバカバカ吸って、毎日、ウイスキーをロックでボトル半分空けているっていうけど、全然元気。そう考えると、タバコを吸ってるからとか、酒を飲んでるから、っていうのもあまり病気とは関係ないのかなと思えてくるんですよね。事実、タバコを吸っていなくても肺癌になる人はたくさんいます。まあ、だからといって推奨もしませんけれど。

「健康志向の矛盾で言えば、何かと流行りのサプリメントを摂りすぎるのは良くないですよ。たとえば、ホウレン草に多く含まれるとされるカリウムは、利尿作用を高めるなどの利点もありますが、過剰に摂取していると、結石ができやすくなる。いくら身体にいいからって、野菜でも果物でも摂りすぎは良くないんです」

この吉野先生の話で思い出したんですが、以前、雨上がり決死隊のホトちゃん（蛍原徹）が、「ホウレン草が身体にいい」って聞いて、一時期食べまくっていたことがありました。その結果どうなったかというと、尿路結石になったんですよ。やっぱり摂りすぎは、あかんねんな。

「誤解している人もいると思いますが、サプリを摂ってるからお酒もタバコも大丈夫とか、ケミカルなものを食べても大丈夫とか、そういうことではないんです。大切なのは、根本的に毒を摂らない生活をすること。摂ったものを薄めるというのは無理。よく言うのですが、ジャンクで美味しくないラーメン屋さんで、調味料を入れると、どんどん味が悪くなるじゃないですか。でも、最初から薄味のラーメンならいくらでも調節できるでしょう。それと一緒なんですよ」

健康オタクが悪いとは思わんけど、なんでも満遍なくっていうのが大切なんですね。いくら水がいいって言っても、水だって、飲みすぎたら血管が詰まって死ぬもんな〜。

第六章

日本から魚が消えてなくなる!?

ニッポンの既得権益

『なんでマグロ獲り尽くしてんねん！』

日本にはたくさんの既得権益がありますが、典型的なのが漁業なんだそうです。日本は、よく美食の国だとか、食材に恵まれた国なんてことを言われますよね？特に「寿司は日本の食文化、マグロは日本が一番」みたいなところがあるやないですか。でも、実はマグロというのは本来、獲ってもいい量というのが国ごとで決まっているんです。年間でこれだけしか獲ったらアカンと決まっている量のマグロを、日本は春先だけで獲ってしまう、みたいなことをしているわけです。これって普通に考えたら、国際的に大問題ですよ。マグロ漁ひとつを取っても、日本の漁業には問題点が山積みなようです。

この章にご登場いただく僕の知人で、元経済産業省官僚の宇佐美典也氏は、「もう何から話していいかわからないくらい、日本の漁業はおかしい」と疑問を呈しています。宇佐美氏は経産省を辞めた後、再生可能エネルギーや半導体分野でのコンサルティングを中心に仕事をされていますが、経産省時代に第一次産業関連政策を担当したこともあり、日本の漁業にも詳しい方です。

「日本以外の国って漁港ごと、漁船ごと、魚種ごとに獲ってもいい量が決まっているんですよね。多く獲っても、罰金やそのあとの営業の許認可に響くので損なんです。日本でも諸外国のように個々の漁船ごとに割り当てが決まっていれば、春先だけでマグロを獲り尽くしてしまうなんてバカなことはなくなる。2019年になってようやく日本でも類似の制度が導入されることが決まったんですけど、なぜ日本が長年この制度を導入してこなかったのかを考える必要があると思うんです。そしてやっぱりそこには利権構造があるんですよ」

そう教えてくれた宇佐美氏によると、さらには漁業という産業の立ち位置にも根本的な問題があるらしい。漁協組合自体が荒くれ者の集まりというのは言いすぎかもしれんけど、事実、トラブルは多いようです。

「1998年には、北九州で元漁協組合長がヤクザに撃ち殺された事件がありました し、2013年にも同様の事件がありました。漁協関係者の自宅に銃弾が撃ち込まれたなんて話も、しばしば聞きます。ほかにも、鹿児島で漁船による覚せい剤の密輸が摘発されたこともありましたね。政治家も官僚もこういう世界に切り込むのは怖かったんでしょう」

要は漁協組合の人たちが、アンダーグラウンドな社会と結びついていることもあるらしい。もちろんごく一部の人だけなんやろうけど。

「暴対法施行以降、企業のコンプライアンスが厳しくなって暴力団が他の産業に入っていくのが難しくなった。一方で零細資本が中心の第一次産業（農業、林業、漁業）ではほとんど暴力団対策が行われず従来通り商売できる、という現実も関係していると思います。一般企業は暴力団との取引がバレたら銀行の取引も止められますからね。そうなると、暴力団が入っていけるのは、もともと銀行と取引のない夜の世界か、もしくは、第一次産業くらいしかない。だから、後者に暴力団が食い込んでいくのは自然な流れだったんでしょう」

そうなってしまうと、そこには金と犯罪のにおいも……。

「実際、密漁が儲かる暴力団のシノギになってしまっているという現実がありますからね。今、鹿児島などではウナギの稚魚密漁というのが横行している。ウナギは絶滅危惧種なので、基本的には漁業規制がかかっているのですが、ウナギの稚魚の密漁は、地域によってはバレてもわずか10万円の罰金で済んでしまうんで、密漁したほうが何百万円も儲かってずっと得なんですよね。こういう制度を今後変えていけるか注目ですね……。改革しようとしたら、担当者は命を狙われてもおかしくないですからね」

絶滅危惧種のウナギの稚魚を密漁して、運悪くそれがバレても罰金がたったの10万円やで？　こんだけリスクが低かったら、一度甘い汁を吸った奴らは、そりゃ何度でもやりよるわ。ウナギが食えなくなったら、ホンマにこいつらのせいですよ。

こんなメチャクチャがまかり通っているのに、美食大国とか、ちゃんちゃらおかしな話やと思いませんか？

『漁業・農業が大きな票田ってなんやねん！』

演歌の歌詞の影響もあるのか、漁師の世界というのは男の世界で、とにかく男気あふれる人たちが海で戦ってるみたいなイメージがありますよね。でも、実際のところは、そうしたイメージを逆手にとって、セコいこともやっているらしい。そのことに気付いたとき、宇佐美さんは、すごく失望したそうです。

「とにかく日本の漁業界には、政策を進める上での根本的な理念や政策が皆無なんですよ」

一方で僕たちがよく耳にするのは、「そもそも漁業は儲からない。だから漁師のなり手も減っていて、それを食い止めるべき」という論調です。ところが、そこもどうやら間違っているらしい。

「これは経済産業省的な見方なのかもしれませんが、データを見ればむしろ現在は、漁師の数をガクッと減らさなくてはいけない状況なんです。農水省の統計では日本のGDPのうち、漁業が占める割合は0・1％ですが、日本の総人口のうち、漁業従事者の占める割合は0・3％もある。明らかに多すぎるんですよね。これじゃ人が多すぎてとても食べていくことができない。それで漁師が補助金漬けになっていく。補助金漬けになると今度は票田になるから政治家もがっつり食い込む。水産庁からの天下りもやってくる。こうして産業として儲からないからこそ、どんどん利権化していく。漁業が儲かる産業になると、むしろ票が減ってしまうから改革もしない。それじゃダメですよね」

これは僕が日頃思っていることなんですけど、タレントさんでも政治家でも、漁業や農業の人を味方にしたらイメージが上がるんで、こういうデータを見ずに彼らの側に立った発言をする人が多いですよね。僕はそれがどうにも納得がいかないんです。

もちろん、そうした状況を正さなきゃいけないと思っている若い水産業者さんもたくさんいる。彼らはとても危機感を持っているそうですが、そういう人の声が、「昭和の古き良き懐かしい、昔ながらの文化がいいよね」というムードの中でかき消されて、古い体制が全然変わらないそうなんです。

「データから見れば65歳以上の漁師の引退をどんどん促進する政策を進めたら産業として活性化すると思うんですよ。漁師が多すぎるという問題が解決して、儲かる業者が増えるので。そうすると魚の獲りすぎの問題も解決するし、利益も上がって、補助金に頼らずともそれぞれが投資できる。だから本来なら、高齢の漁師の生活を保障しながら辞めてもらう政策を取るべきだと思うんですよ。でも実際にはどうなっているかというと、むしろ補助金を出して彼らに一生懸命事業を継続させて、政治家の票田にしているんです」

票田としての機能があるから、高齢の漁師はなかなか減らずに産業自体が活性化しないって、これじゃあ本末転倒もいいとこやで。

『日本人って、なんで成功した人を叩くん？』

話を聞けば聞くほど、漁業の世界がおかしいことがわかってきますが、たとえば水産庁に勤める官僚たちの中には、こうした現状に疑問を抱いて、構造改革なり意識改革なりをしていこうという気概を持った人物はいないんでしょうか？　僕は、それが不思議でなりません。中に入ったら、みんな取り込まれてしまうんですかね？

「水産庁の中でも官僚の何人かは改革しようと戦っている人はいます。でも、そんな志のある官僚が改革をしようとしても政治家が抑え込んでしまうんです」

宇佐美氏によると、「この時代に、こんなことを言うヤツがいるのか」と震撼するほど、水産業にかかわる政治家の感覚は前時代的なんだとか。

先ほどの件もそうですが、「昔ながらの文化が大切」みたいな感覚って、僕は、日本独自の感覚だと思うんです。成長しないことに喜びを感じるというか、現状維持をありがたがるというか。でも、それって海外の人たちからすると、日本人は「全然考えない民族」みたいに思われてしまうんです。

「私が海外との比較で思うのは、日本人は『一代で成り上がった金持ちは大体、悪いことをしている』と考えがちですが、アメリカなんかでは『金持ちは、世の中の役に立つことをしたから富を得た』という考え方のほうが一般的。日本人は貧乏人ほど美しいと思いがちで、清貧の思想というのもありますがそれって根拠は全くないですよね」

海外がすべて正しいとは思いませんが、それでも確かに一理ある。たとえば日本で農業をしている人たちは、昔からの地主のことは偉い人や〜って言うくせに、自分らと同じ普通の農民の中から急に成功者が現れたら、そいつのことは叩く。ホントに不思議な民族なんです。地主なんて、ただ土地を持ってるだけの人も多いのにね。

だから、昔からのお殿様には逆らわないけど、今の時代のアイデアで勝った人は「あんなもん何してるかわからん、詐欺師みたいなもんや」って叩かれる。一方で、「あそこは昔からの名家だから悪いことしてるはずない」って。そんなわけないやん！

「一代で成り上がった人が叩かれやすいという風潮の背景には、日本の雇用構造もあると思うんですよ。日本以外のほとんどの国では転職が当たり前で、20代、30代、40代、50代……と、歳を重ねるごとに実力が買われて転職しやすくなります。ところが、日本は逆で、35歳を超えたら転職できなくて、40代は一番転職先がない。40代で転職した人は、50％が年収３００万円未満になりますから、嫌でも既存のシステムにしがみついて生きなきゃいけないんですね。だから、現状を不満に思いながらも転職できない人たちが、チャレンジして成功した人たちをやっかむことになる。仕方ない部分はあるにせよ、やっぱりこの決められたレールから外れることが難しい雇用構造が日本人の僻《ひが》み根性を育ててると思うんですよ」

僕ら芸人の世界でもそうやけど、20代より30代、30代より40代のほうが、間違いなく仕事ができますからね。やっぱりどこかズレてるんだよなー。

『海外では漁業は成長産業って知ってました？』

このあいだフランス人と話したんですけど、「フランスは大体、年４カ月は仕事が休み。働かない４カ月をバカンスでのんびり過ごせるだけのお金を８カ月間で稼ぐ」と言うんです。そうなると、日本人の時給ってヒクほど安いやろって話になったんですけど、実際に、労働時間で時給換算したら、ヘタをすればアジアでもかなり下のほうやと思うんですよ。「日本は本当にどうかしている」と言われましたからね。

「それだけ働かざるを得ないのも、結局は辞めるに辞められない日本の雇用構造が背景にあるからなんじゃないでしょうか。日本は30代後半から40代の過労死もよく聞きますけど、これも辞めたら良いところに転職するのは困難だから、今いる場所がブラック企業でもしがみついて頑張らざるを得ないからですよね。欧米の先進国では過労死みたいな話はあまりないですからね。別に『欧米がなんでも良い』とは思わないですが、やっぱり良いところは学ばなきゃいけないと思いますよ。

さっき話したみたいに漁業や農業の利権構造がずっと維持されてしまうのも、産業間の移動がないから、一度利権構造ができてしまうと、それを崩すのが難しくなると思うんです。新しい人があんまり入ってこないから、古い村のルールが変わらないで残ってしまう」

読者のみなさんも、日本は根本的にシステムがおかしくなってきていると思いませんか？　それなのに、僕らの上の世代はなんか知らんけど、そういうシステムをつくりあげた人たちをえらいと思っている。漁業の世界でいえば、そもそも漁港整備なんか、そんなに必要なんでしょうか。宇佐美氏の話を聞いてみると、疑問に思います。

「設備や建造物は朽ち果てていくものですから、もちろん必要な漁港整備はあります。

ただ、漁獲量が減っているわけですから集約化すべきだし、データを見れば、まずやるべきことは漁業者を減らすこと。本来は順番が違う」

もっと極論を言えば、魚なんかそんなに食わんでも大丈夫ですからね。僕がそう思うのは、東日本大震災のときにボランティアで、飲食関係の僕の友達が何人か福島に行った時の経験があるから。その中には寿司屋の奴もいたんですけど、結局、被災者は寿司屋にほとんど食べに来なかった。肉屋とラーメン屋はすごい行列で、ラーメン屋のほうは皆「チャーシュー大盛り」を頼んでいたそうなんです。人間、いざとなったら肉を食いだすのを目の当たりにして、寿司屋の友達が「結局、魚なんて食わんでもええんやもんな」と言っていました。まあ、このときは原発事故の影響もあったのでしょうが、そもそも世界的に見て、魚がここまでメジャーな国は珍しい。

「魚の価格がこれだけ高騰すれば市民は魚を食べなくなりますよ。スーパーに行けば、豚肉のほうが魚より安いわけですから、それは皆、肉を食べますよ。それなのに日本の漁業政策はこの体たらく。値段は上がるし、量も獲れなくなるし、質も悪化する。負のスパイラルなんです」

日本以外の国では概ね漁業は成長産業だというのにね。ホンマにどうかしてますよ。

『「土用の丑の日」がそもそもおかしくないか？』

それにしても、魚は日本が誇る食文化だったはずやのに、その日本が一番貧しい魚を食っている。こんな皮肉があるかと思っていたら、宇佐美氏に「日本が貧しい魚を食べているわけではなく、日本が世界の魚を食べまくっているんです」と言われて、気づきました。海外の国は、魚の需要がそれほどではないから、日本に魚を売ることができるんですね。

「先進国で、これだけ魚を食べる文化が昔からある国は日本だけです。暖流と寒流が交わる貴重な地理にある日本は獲れる魚の種類も多く、世界でかなり恵まれた漁場です。でもこれまで話してきたように、『昔ながらの文化が大事』と言いながらそれに自らトドメを刺そうとしているわけですね」

よくよく考えたら買うほうも買うほうです。だって、ウナギなんて絶滅危惧種なのに「土用の丑の日」なんて煽られるままに、食べまくってきましたからね。絶滅危惧種を推奨してどうすんねん！　って思います。漁師も漁師で、こんな獲りたい放題の資源管理が自分たちのクビを絞めてるってことに、なぜ気づかないんでしょう。

「資源管理の危機に対して、高齢の漁師はともかく、若い漁師は危機感を持っているんです。今、全国にいる16万〜17万人の漁師中、65歳以上の漁師が6万人もいるんですけど、この人たちが全員引退したとするとGDP比と労働力費が釣り合って、漁獲量がちょうど良い感じになると思います」

そりゃあ、食っていかなアカンから、引退できへん気持ちもわかるけど、魚で食わせてきてもらった人たちが、将来の日本が魚を食えんようにしたらアカンやろ……。

『発表される漁獲量も怪しいらしい！』

そもそもですけど、魚の漁獲量って、どうやって調査しているのかと思ったこと、みなさんはありませんか？

宇佐美氏に聞いてみたら、驚きの答えが返ってきました。

「たとえばAという漁場でどれだけ魚が獲れるかという調査があるとします。しかし、その調査というのは水産庁が主導権を握っているわけではなく、各漁場があげてくるデータを集計しているだけなので、それが本当かどうかなんて誰もわからないんです」

これではいくらでも恣意的な数字を出せることになる。こんな言い方したらアレですけど、もうずさんもいいところです。

それに僕が最近驚いたのは、お寿司屋さんの中には、客に「密漁」を匂わせるような話をしていたりする店すらあること。わかりやすく言えば、「このネタは知り合いの漁師に獲ってきてもらって、漁師から直で買っててんねん」みたいな自慢ですが、ここで気付かないといけません。漁師から直で買っているということは密漁の可能性が高いんです。漁業権を持っている人でも、漁をしたらアカン時期に魚を獲ったら、それはそれで密漁ですからね。

こんな話もありました。今は、なかなかマグロが獲れないわけですが、銀座かどこかの某高級店が「長崎の壱岐沖で獲れたマグロを直送してます」って言って売っていたところ、当の壱岐の漁師たちから「それは絶対嘘だ。そんなはずない」って指摘されたんです。で、「密漁の奴から仕入れてるだろう?」という話になった。

密漁なんて脱税も絡んでくるから無茶苦茶なんですよ。大体、壱岐沖で獲れたというのも本当かどうかわからないし、そんなの言ったもん勝ちじゃないですか。安く買えるってことで、漁師から直で買う業者もあるのかもしれませんが、それってヤクザの資金源の可能性さえある。買うほうも安けりゃいいってことでありがたがって食べてるけど、その背景を考えない民族なんですよね。

「食の世界は、伝統的な生活や文化も関係してくるため、何かと神聖視されがちです。既得権益を守るため〝考えてはいけない文化〟になっている」

目の前にある現実の結果として、惨憺たる水産業の現状があるのに、都合の悪いことは、とりあえず見なかったことにしてそっとしておく。それで自分たちに何か不都合なことが起こると、全部、政治家のせいにする。民主主義だから選挙で政治家を選んでるのに、政治家を自分とは切り離された存在だと思っている。

「やっぱりそれって日本の民主主義が、市民が革命を起こして勝ち取ったものじゃなくて、戦後に棚ぼたで得たものだからじゃないかと。そういう意味じゃそろそろ日本も自前の民主主義を作っていかなきゃいけない頃合いなんじゃないでしょうか」

コラム③

行きすぎたコンプライアンスで日本社会はおかしくなっとるで

今の日本社会では、他人の目を気にするあまり、ちょっとした言葉でも差別だなんだと批判されるケースが増えています。そりゃあ人を傷つけるようなことは言わんほうがいいんやけど、さすがにちょっと行きすぎてると思いませんか。

これは今に始まったことじゃありません。たとえば僕が子供の頃に流行った、『ミラクル・ワールド ブッシュマン』という映画を覚えているでしょうか。南アフリカ・ボツワナの砂漠に住むブッシュマンの生活をニカウさん主演で描いたコメディ映画で、当時は日本でも一大ブームとなりました。

ところが、この「ブッシュマン」という呼び名が、いつの間にか「コイサンマン」や「サン族」に変わってるんですね。どうやら、「ブッシュマン」

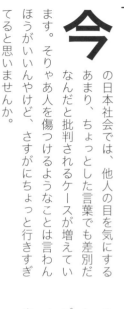

（直訳で「藪で暮らす人」）という呼び名が差別的で失礼だということで、彼らが話していた「コイサン語」から取った「コイサンマン」に呼び換えたそうです。

　でも、これは大間違い。

　僕は仕事でアフリカに行くようになってから、ニカウさんと同じ部族の人たちと会う機会があったので、彼らに直接、聞いてみたんです。

「あんたら、日本ではコイサンマンって呼ばれてるで」

「俺たちはそんな名前じゃない。ずっと昔からブッシュマンだよ」

　こう鼻で笑われました。

　いろいろ調べたら、そんな呼び換えをしてるのは世界でも日本だけなんやて。

　良かれと思ってやったことかもしらんけど、理解を欠いた独りよがりの〝言葉狩り〟は、結果的に相手の尊厳を傷つけることだってあるわけです。これは他人事じゃなく、今の日本には似たような話がゴロゴロしてるんやないかな。

　僕の身近なところでは芸人の世界でも「コンプライアンス」だなんだと言われるようになりました。最近聞いた話では、芸人を目指して芸能スクールを出たばっかりの若手が彼女にフラれそうになって、「どうしたらいいでしょう？」って事務所のコンプライアンス担当に相談してきたそうです。別に悪いことをしていたわけじゃなく、ただ普通に付き合ってただけですよ。

　いやいや、それは単なる恋愛相談やし、そもそもお前のことなんて誰も知らんがなって話なんやけど。ただの男女交際がコンプライアンス的に問題あるはずないんですよ。でも、そのくらい過敏になってるってことなんでしょうね。

第七章

カジノは健全な大人の社交場

ギャンブルとニッポンの国際感覚

『カジノの何がダメなんですか？』

ずっと議論されてきたカジノを中核とする統合型リゾート（ＩＲ）実施法案が通り、このまま行けばいよいよ日本にもカジノができることになります。僕はこれまで仕事で海外に行く機会が多く、たくさんのカジノを見てきましたが、日本でのカジノ建設には大賛成です。うまくやれれば日本の経済にも社会にも、きっといい影響があるはずやと思うんです。

もちろん日本型のカジノがどうなるかは、まだこれからの話。この儲け話に乗るため、いろんな立場の人たちが、いろんな思惑を持って議論をしていますし、カジノ建設には反対している人たちだっています。そこでカジノをめぐる疑問について、他のテーマでも登場いただいた、日本では数少ないカジノ産業の専門研究者である木曽崇さんに話を聞いてみました。

「現時点では、まだどこに作られ、どんな形になるのかは決まっていません。すでにたくさんの自治体が誘致に手を挙げていて、大阪や横浜、北海道といった場所が候補に挙がっています。日本型カジノの大前提として、ギャンブル施設だけではなくて、劇場や飲食施設、ショッピングセンターなどを含めた観光施設との『複合開発』というのが大前提なので、まずはそれなりの集客が見込める大都市圏やリゾートなど最大3箇所を認め、それらの状況を見ながら、徐々に数量の追加議論を行ってゆくという流れになるでしょうね」

木曽さんによれば、今のところの候補地として一歩リードしているのが大阪です。吉村洋文大阪府知事や松井一郎大阪市長といった、受け入れる行政側のトップが誘致に意欲的であることが一番の理由。政府は統合型リゾートということで、シンガポールの「マリーナベイ・サンズ」のような形を考えているようですが、確かにあそこは世界中のお客さんでにぎわっていて、一番成功しているイメージです。

まだ手探りの状況ですが、徐々に議論も進んでいます。たとえばカジノの入場料は、外国人観光客は無料。日本人の入場料は6000円で自民、公明両党が合意しましたが、僕などは入場料1万円くらい取ってもいいと思っています。そのぐらい敷居を高くしないと、それこそ何にも知らない庶民がハマってしまうやないですか。

それにしても、カジノを巡る議論を聞いていて、日本人が誤解しているなと思うのは、実はカジノは「大人が楽しむための総合的な娯楽場」だということです。入場料もそうだけど、入るのにはドレスコードがあったり、併設されているホテルやレストランだって、それなりの格式があったりする。そこに行くために服を買ってお洒落をしたり、高級なご飯を食べたりすることも含めて、カジノの格になるわけです。マカオとラスベガスの違いもこれで、ギャンブルだけのマカオと違い、ラスベガスのカジノは総合的に楽しむことができる。

日本が目指すのはこの形がいいのではないでしょうか。

『カジノ導入のメリットは?』

僕自身、むちゃくちゃカジノが好きというわけではないのでよくわかるのですが、カジノに行く人って、全員がギャンブルばっかりやっているわけではありません。やるときはやるけど、プールやビーチでも遊ぶし、ゆっくり美味しいものも食べに行く。ショーを見に行ったりもします。極論を言えば、カジノは文化的な富裕層の遊びであって、ギャンブルはあくまで選択肢がたくさんある中のひとつでしかないんですよ。

カジノができれば、日本の社会にもさまざまな変化があるはずです。いい面もあれば、心配な面もあるかもしれません。ただ、これまでたくさんの国のカジノを見てきた僕の経験から言えば、圧倒的にいい面のほうが大きいと思っています。まず何より、景気浮揚にプラスになる。滞在型カジノが外国人観光客を呼ぶ目玉になれば、たくさんのお金を落としてくれるでしょう。日本は観光立国推進基本法を作るなど、観光に力を入れていますが、世界中を見ても、カジノほど効果的な方法はそうありません。

カジノといえばラスベガスやマカオといった都市が有名ですが、他にもたとえば『ブラッド・ダイヤモンド』という映画でも有名なアフリカのシエラレオネという国もカジノで大成功しています。ここはもともとダイヤモンドの取り合いで内戦が起こり、ようやく落ち着いてちょっと国の景気もマシになってきたと思ったら、今度はエボラ出血熱で国内経済がほぼ壊滅するという悲惨な状態でした。そこで海外からの資本投資や外貨導入のため、政府が真っ先に取り入れたのがカジノの建設です。いざ作ってみると、世界中からお客さんが集まってきました。メインになったのは富裕層で、中国などからの投資も増え、カジノは大盛況となりました。僕が行ったときには、まだエボラも完全に収まっておらず国内の情勢も不安定で、ＪＩＣＡ（国際協力機構）が渡航許可も出していないような状態でしたが、カジノやホテルの施設はちゃんとしていて、ご飯も普通に食べることができました。警備も強化されているので、治安も国内では一番安全だったくらいです。カジノってそういうところなんです。

日本は滞在型カジノを目指すそうですから、それだけ施設も必要になり、間違いなく雇用も増えます。付随するホテルやショッピングモールなどの施設も含めれば、かなりの規模になります。実際、ラスベガスに遊びに行って思うのは、「笑ってしまうほど、ホンマにいろんな仕事があるんやなあ」ってこと。カジノでは年齢が65歳を超えてもできる仕事が幾らでもあって、それこそ80歳くらいのおばあちゃんがディーラーをやっていましたからね。

カジノ以外でも飲食やマッサージなどのサービスが山ほどある。ビーチに面したカフェテラスでは、フロアに入ってくる砂を掃き出すだけの仕事の人がいたし、ホテルのプールに行けば、子供が4人しか泳いでいないのにライフセーバーが8人もいたりする。これは無駄とかじゃなく、それだけコストをかけて安全や高いサービスを確保しているということ。こうしたディテールから生まれる信用がブランド力となってリピーターを増やし、回りまわってカジノやホテルの利益になるわけです。

『ギャンブル依存症、ホントに増える?』

心配されている環境面の問題にしても、ちゃんと対策を取ればそれほど心配する必要はないと思っています。カジノ建設に伴って、最も心配されているのが、いわゆる〝ギャンブル依存症〟の危険性ですよね。

「ギャンブル依存症が増えるから建設反対」という意見もありますが、少なくとも海外のカジノは、他のギャンブルに比べればやる人とやらない人の住み分けがキッチリとできています。たとえばラスベガスでカジノが併設されているホテルに泊まると、カジノで遊ぶ大人と、子供たちの通る通路はしっかり分けられていて、子供たちは安全にプールなりレストランなりに行けるようになっています。

もちろん、一定数の割合で依存者は出てくるでしょう。ただそれは、今まで他のギャンブルに依存していた人たちの一部がカジノに移るだけで、依存者の数自体は、それほど増えるとは思いません。これは木曽さんも同じように考えているそうです。

「反対派の人たちの主張を聞くと、『国内の最新の調査だと、すでに280万人ぐらいの依存の疑いのある人たちがいる』と言うのですが、実はこの数は現時点で存在するギャンブル依存者であって、カジノは関係ないんですね。しかも、これは依存の疑いがある、もしくは昔その疑いがあった人も含めた総数。既存のギャンブルには何も言わなかったのに、カジノだけに反対するのはナンセンスでしょう」

また、日本のカジノ反対派は、反対の根拠としてよく韓国の失敗を例に出しているようですが、そこはやっぱり国民性が違いますからね。中国人や韓国人はギャンブルが本当に生活レベルの文化になっていて、僕が知っているだけでも、平気でビル一棟をまるまる賭けたギャンブルをやったりしている。一時期、日本のパチンコに似たものが韓国で広まりましたが、失業者や財産を失うような人が増えて、10年ももたずに禁止になりましたよね。国も慌てて依存症対策をやったけど、間に合わなかった。そんな土壌がある国と一律に比べても、話は何も進まないのでは、と思ってしまいます。日本でカジノを議論している人たちって、イチかバチかの大博打をして、一晩で全財産をスッてしまう『麻雀放浪記』みたいな鉄火場のイメージを持ってるんちゃうかな。そのくらい議論のピントがずれている。

木曽さんに聞いても、反対派の人たちはギャンブル自体が文化的活動だということも認めないので、なかなか議論が深まらないそうです。メリットとして、「雇用が増える、経済効果がある」という話をしても、「そんな人からむしり取った金で経済振興なんかしたくない」という感情論から入ってくる。

でも、実際のカジノはもっと健全です。トンデモない富裕層は別にしても、遊んでいる客の大半は世界中からやってきた普通の観光客だし、その中には子供連れのファミリーもたくさんいます。観光客が遊ぶための、たくさんあるアミューズメントのひとつとして、大人向けのカジノがあるというスタイルが本当にイメージできてない。

「反対派の議員さんたちもラスベガスやマカオなんかに視察に行ってるようですけど、最初から反対のアタマがあるから、どうしても先入観でしかモノを見れないんでしょうね。彼らのアタマの中には、そもそも『ギャンブルで外貨を稼ぐなんて正しくない。人の金をギャンブルでむしり取って経済振興をするなどけしからん』というモラル的なハードルがあるようです。こうなるともはや理念や理想の問題なので、推進派とは話が平行線になってしまうんです」

そうではなくて、カジノは世界中のお金を使いたくて仕方ない富裕層をお客さんにするための場所なんです。そこから議論を始めないとなかなか落としどころは見つからない。もちろん周囲への影響や依存症などの問題を予防し解決することは大事です。でも、だからカジノ建設には絶対反対という意見はどうかと思うんですが……。

とにかく、今の日本が抱えている問題をまとめてどうにかしてくれるのがカジノなんだと思うんです。ちょっと荒い言い方かもしれませんが、雇用を増やし、目に見える大金を生み出し、さらに文化的なメリットも見込めるような施策なんて、ほかに思いつきますか？

『日本人と中国人って、結局似てない？』

日本にカジノができれば、世界中からお客さんがやってくることになります。中心になるのはおそらく中国、韓国、台湾といったあたりの富裕層でしょう。

この中でも世界的に評判が悪いとされているのが中国の人たちです。急激な経済発展を遂げ、多くの富裕層を生み出した中国は、今や世界中に進出していますが、どの国に行っても自分たちのやり方を通し、マナーを守らない彼らのスタイルは、頻繁に批判されています。

でも考えてみれば、まさに僕たちの日本も、ほんの数十年前までは、欧米やアジア各国から同じように見られていたはずなんですよね。

外国における、バブル当時の日本人の評判は最悪に近いものでした。それと同じで、今の中国の人たちは国際感覚を身に付けている途中で、この先、ちゃんと国際基準に追いつく可能性は極めて高い。すでに経済面では、日本を追い抜くほどの経済発展を遂げています。

木曽さんの指摘で気が付いたのですが、日本人は中国という国や、爆買いにやってくる中国人に対して、いまだに「発展途上国」という印象を持っているのではないでしょうか。急に金を持った成金が、素晴らしい日本の品物を買いに来ている、というわけです。僕の周りでも、漠然とですがそんな風に考えている人が多いようです。

でも、現実はそうじゃありません。上海や四川の大都市などは、もう日本よりもよっぽど進んでいます。むしろ日本に旅行に来る人たちは、日本の古い伝統文化を観光に来ているだけなんですよね。

「確かに国による教育が偏っていたり、新しい技術を開発するような能力も遅れているかもしれません。でも彼らは、そんなことは別に気にしていない。中国の富裕層はそんな現実を認めたうえで日本に来ています。で、何をするかといえば、『何か買えるものはないか』と価値のあるものを物色しているんです。マンションや土地、企業や技術、それらのノウハウを持った人まで、とにかく手当たり次第に買いまくるわけです。最近ではソニーの高性能レンズやドローンの技術が人気のようですね」

ところがソニーは、中国製品に提供しているレンズには、なぜかソニーのロゴを入れていないそうなんですね。プライドなのかもしれませんが、厳しい現実を直視しなければ、日本はますます世界の流れから置いていかれることになるかもしれません。

面白いことに、ギャンブルについて考えると、日本人の民族性も浮かび上がってきます。

日本でもギャンブルは古くから存在していました。ほとんどの場合、上流階級ではなく庶民の娯楽で、国は基本的にギャンブルを禁止してきた歴史があります。農民たちが、ギャンブルにハマりすぎて働かなくなってしまったからで、江戸時代も賭場を開いた人間は流罪になるなど、ギャンブルそのものが禁止されていました。

ただ、金刀比羅宮や出雲大社といった、一種の特権を持っていた神社仏閣では、「富くじ」と呼ばれる一種の宝くじが行われていたし、同時に周辺では芝居や相撲の興行も行われ、飲食ビジネスも大いににぎわっていたそうです。まさに江戸時代版のカジノ・リゾートがあったわけです。

それでも、日本でカジノ導入の議論がなかなか進まず、導入が決まってもなお反対の声が根強いのは、日本人がビジネスの前に、精神的な清廉性にこだわる性質だからではないでしょうか。

これも木曽さんに教えてもらったのですが、日本人がギャンブルを「悪しきもの」「日陰のもの」と考える根底には、江戸時代のエスタブリッシュメントだった武士の必須教養である朱子学の影響もあるそうです。

「実は、朱子学のもとになっている儒教そのものはギャンブルを否定していないんです。ただ、朱子学の特定の学派はギャンブル否定派で、これが日本人のギャンブル・アレルギーの根っこになっている。庶民は勤労精神をもって汗を流しながら働いて稼ぐことが尊いとされる考え方です。それはそれで否定はしませんが、今は時代が違います。少なくとも現在は、国がコントロールすることによって国民の経済が潤い、結果的には国の税収につながるというメリットが期待できるからです」

カジノができれば、雇用も税金も増えるし、稼いだお金で素晴らしいショーをたくさん見られるようになる。街の警備や環境の整備にも投資できるなど、地域社会にも大きく還元することができます。

『日本人は富裕層が嫌いですよね？』

世界中を旅していると、海外では富裕層がちゃんと尊敬されているという当たり前のことに気がつきます。まず、お金持ちだということは、それだけ高い税金を納めて社会貢献をしているという事実が浸透しているんですね。さらに言えば、余裕のあるお金持ちが大きく消費をしてくれるほど、世の中の経済が大きく動くということも、みんなが理解している。でも日本は……。

仕事でブルガリアに行ったときの話です。ある会員制のホテルに泊まったのですが、僕も含めたロケスタッフ6人のうち、5人がVIPルームで、一人だけエコノミーの部屋になってしまったことがありました。そのホテルは会員制で、ランクによって食事をするレストランも分かれていたんですが、食事の時間に、一人だけ別なのもかわいそうだということで、全員でエコノミーの食堂で食べていたんです。

ところがその様子を見た隣の席のご婦人が、一生懸命、「あなたたちは、VIPなんだから、上の個室のほうで食べなさい」って言ってくるんですね。「いやいや、俺らは友達と一緒に食べたいから、ここでいいんや」と説明するのですが、いくら言っても理解してもらえず、ご婦人はずっと不思議な顔をしていました。

日本ではよくある話やけど、あっちの感覚では、それが理解できないのでしょう。彼らには諦めや嫉妬のようなウェットな感情はなく、ただ現実として世の中に格差があることを受け入れているわけです。

アメリカなどもはっきりしていて、お金持ちは豪邸に住んで、いい車を買う。そうやって消費を回すことで尊敬もされている。シンガポールなどもわかりやすくて、たとえばお金を倍払ったら一般の人たちより優先的に通れるスロープがあったりします。金がある人は、時間を買えるわけです。日本で言うなら、ＵＳＪの「エクスプレス・パス」みたいなもの。こうした制度は外国人にとっては比較的当たり前なのですが、日本だと「金にものを言わせやがって」と批判の対象になりやすい。

実際、日本では金持ちの社会的なステータスが驚くほど低いですよね。下手をすれば「金持ち＝悪人」というイメージで見られかねません。消費にしても、日本だと「贅沢に金を使うのは偉そうだ。嫌味ったらしい」といった批判を集めてしまう。「それってお前らには関係ないやろ。羨ましいんならお前が頑張れや」というだけの話なんですが、これも、ずっと横並びでやってきた日本人の心性なんでしょうか。

なぜ、日本ではこんなに富裕層向けのビジネスがやりにくい環境になってしまったのでしょう。木曽さんの分析はこうです。

「やっぱり『一億総中流社会』とも言われた時代が続いて、みんなが同じぐらいの消費力を持ってお金を使う時代が長かったことが原因かもしれません。言い換えれば格差のない社会ですが、ビジネスもそんな社会向けに最適化され、人の心もそうなってしまったのかもしれません」

ただ、今は現実として社会の階級化が進んでいます。にもかかわらずそこに合わせた消費がうまくいってないのが問題なんです。富裕層というターゲットをカバーするビジネスが成り立ちづらくなっている。社会が清貧を追い求めると、なかなかお金が回らなくなるんですね。お金を持ってる人が使わないと下に回らないんですが、それすら認められない社会になっている。いっそ「うちらは貧乏やけど、金持ちはもっと金使《つこ》うて」って言えばいいのに、プライドなのか何なのか、嫉妬して攻撃するばかりでは、何も生まれませんよ。

「日本でもかつては銀座での接待や料亭文化など富裕層向けのサービスが賑わっていました。倫理的な好き嫌いを別にすれば、極端な話、お金を持ってる人たちが、それこそ銀座を飲み歩いたり、愛人を囲って贅沢をさせるなんていう遊びも許容されていたわけです。それでお金が回っていた部分もあったのですが、その文化もバブル崩壊などがあって壊滅的になってしまった。

カジノ建設という富裕層向けのビジネスにも、庶民層からの反発が強い。富裕層が日本を訪れて高級ホテルに1カ月も滞在してお金をバンバン使ってくれれば、それだけ庶民も儲かるはずなんです。プレミアムフライデーだって、政府が『夜遊びに行ってください』という振興をしているようなもの。金持ちが遊んでくれれば、そうじゃない層も儲かるわけですから、遊ぶこと自体は全然批判するようなことではありません」

ところが、結構な多さで「世の中には低賃金で遊べない奴がいるのに、政府が遊びを推奨するのか」「金持ちが夜遊んでいるのに、我々低賃金労働者は深夜労働させられている」という批判の声があがってくる。もう、訳わからんくらいアホくさい。

そこはもう、「お前は頑張ってきたかもしらんけど、頑張り方が間違ってた結果、そうなってんねん」と、はっきり言う必要がある。彼らは嫉妬しているだけで、金持ちの人たちがお金を使うから、自分の所得も発生するっていう理屈が理解できていない。貧乏だったら働けばいいだけで、それがわからないから貧乏から抜け出せない。

今の日本にも稼いでいる人たちはいますが、ちゃんとお金を使える場所が少ないうえに、やっかみの目で見られてしまうから、「お金を使うなら海外で」となってしまう。そのうちフランスみたいに富裕層がどんどん国外に逃げてしまうかもしれません。

これからの日本は、自分が払う税金や、国のお金の使い方などについて、もうちょっとファイナンシャル的な教育をしないと、いよいよ大変なことになりかねないんちゃうかな。

特別対談

真鍋昌平×千原せいじ

「闇金ウシジマくん」の
真鍋昌平先生に裏社会最新事情を
聞いてみた

『闇金ウシジマくん』の世界で描かれた裏社会

せいじ　真鍋先生の『闇金ウシジマくん』には、いわゆる「半グレ」と呼ばれるような人たちがたくさん出てきますよね。「闇金」はもちろん真っ当じゃないビジネスやけど、こういう人たちを漫画で描き始めてから何年ぐらいになるんですか？

真　鍋　２００４年から連載してますので、15年になりますね。

せいじ　それはすごいなあ。でもその当時、連載のきっかけになるヤクザや裏社会の話っていうのは、先生の中で何かツテがあったり経験があったりしたんですか、それとも想像だった？

真　鍋　それが特別に詳しかったわけじゃなくて、世間の人が知っているニュースを取り上げたっていう感じでした。ただ、元々、自分がいた工業高校が変な不良ばっかりだったんですよ。自分は全然、不良じゃなかったから、そこで生活するのがメチャクチャ大変だったという経験はあります。自分の友達が、裸で教壇の上に立たされてオナニーさせられるのを見ても、何も抵抗できないような状況だったんです。同情する余裕もなく、自分がそうならないようにと考えてしまう卑屈さと自分の弱さを思い知らされました。その経験から力のある不良の人たちとどう距離を取るかっていうのには慣れていたかもしれません。後に『ウシジマくん』の取材でたくさんの輩（ヤカラ）とかヤクザの人に会いましたが、そのときの経験は役に立っているかもしれませんね。

せいじ　なんとなくイメージなんやけど、漫画家さんって、普通なら現実からかけ離れた、むちゃくちゃ強いヒーローものとかを描きたいって考えそうなんですけど、そうじゃなかったんですね。

真　鍋　自分の弱い部分はちっちゃいときからもうわかっていたし、最初はまったく違うものを描こうとも思いました。でも、そこから逃げると、なんか、モノを作るってことができないと思ったんです。だからこの世界に向き合ったというところはあります。なんだろ、うん、自分にとっては、自分自身を救うために描いたって部分もあるんです。

半グレ業界のお仕事最新事情

せいじ　その半グレですけど、彼らってとにかくフットワークが軽いじゃないですか。いろんな悪い商売をやっては、捕まる前にサッと逃げてまう。「オレオレ詐欺」なんかもそうだけど、世間で問題になる前に誰よりも早くこのシノギに手を染めて、もうババババババ〜って稼いで、あとはヒット・アンド・アウェイ。もっと続けて稼ぐことはできたとしても、そこはもう次のシノギに行っちゃう。たとえば今だと、オレオレ詐欺の代わりに生まれてる新しい金儲けってあるんですか？

真　鍋　世間でニュースになるような頃には、最初に始めてたような人はもうやめてたりしますからね。最近で言えば仮想通貨の詐欺なんかがそうかもしれません。ただ、これももう遅いくらいで、世間の話題になってる時点で最初の人はやめている。

せいじ　仮想通貨！　やっぱりそうなんや。

真　鍋　やっぱりみんなそっちに行ってますね。たとえば以前、知り合いの某資産家の飲み会に行ったんです。ほかにも数百億円を持ってる資産家とか、何やってるかわかんないんだけど、めちゃめちゃ金持ってる人たちがいて、その中に「会長」って呼ばれてる方がいたんです。聞いたら新しい仮想通貨を作るって話で金を集めて、1カ月で6億円くらい儲けたらしい。で、やっぱりその人の周りに群がってくるヤカラの人たちもたくさんいて、いきなり鞄から「こういう映画を作りたいんだけど」って資料を出すんですが、そこにはありえない豪華キャストが書いてあったりする。で、結局2億円ぐらいお金を抜かれたそうです。当然、「会長」は怒るわけですが、実は、そのお金を抜いたほうのヤカラって、自分が取材でお世話になった人の後輩だったんですよ。まさに今も揉めてるみたいですが、とにかくそんな感じのキナ臭いことはたくさん起きてるんです。

せいじ　それって、半グレ同士の中で詐欺をやってるって感じですね。

真　鍋　そうですね。そういえば以前、大物芸能人が広告塔になって話題を集めた仮想通貨の人たちにも話を聞きに行ったことがあって、あれも詐欺っぽいじゃないですか。ちょうどお金を集めてる真っ最中の段階だったんですが、やっぱりめちゃくちゃ怪しかった（笑）。打ち合わせの場所も六本木ヒルズの年間400万円くらい払わないと入れないような高級ラウンジだったりとか、とにかく怪しいんだけど、ちょっと面白そうだから自分も買おうと思って。

せいじ　買ったんですか？

真　鍋　思いっ切り騙されました（笑）。まあ、気持ちだけ50万円ぐらいですが。

せいじ　先生なら誤差の範囲内ですやん（笑）。

真　鍋　いやいや、痛いです（笑）。あと、仮想通貨以外だと、ちょっと前は金塊強盗も多かったんですよ。自分の漫画で、いわゆる「タタキ」って言われる強盗の話を描こうと思って話を聞きに行ったんです。日本各地のヤカラって、弱い人は地元から逃げてくけど、強い人ってずっと地元に残るじゃないですか。で、残ってる人ってやっぱ、とんでもない人が多くって、会いに行った人もすごかった。昔の話でもいいから教えてほしいって聞いたら、金塊強盗のディテールをすごく細かく教えてくれたんです。靴底の跡が残ったり、足音がわからないように、靴を買ったら靴底にガムテープを貼って脱げないようにグルグル巻きにするとか（笑）。それを漫画にも描いたんですが、実は数年前に7億円の金塊強盗のニュースがあって、逮捕された犯人を見たら、あのときの人が主犯格だった（笑）。取材したときは「今はもうやってない」って言ってたんですけど。

せいじ　めちゃくちゃ平気でやってたんや。

“半グレ”とヤクザの関係

せいじ　すごい話やなあ（笑）。でも、そういう奴らって、ヤクザとは違うわけですよね。全部が全部っちゅうことではないんやろうけど、半グレがヤクザの代わりに犯罪をやってるようなところはないんですかね？

真　鍋　本物の半グレの人たちって、自分たちを「半グレ」って呼ばれるのは嫌がるんですよ。まあ「半分グレてる」ってもうバカにしてる話じゃないですか。だから、もともとはそんな呼び名はなかったんだけど、溝口敦さんっていう有名なジャーナリストの方が「半グレ」っていう名前をつけて、それが広まった。

せいじ　そうそう、溝口さんや。

真　鍋　ヤクザの人たちから見ても、組にも属さない中途半端な連中ってことで「半グレ、半グレ」ってバカにしてるんです。ただ、その一方で、やっぱり半グレの人たちは若い後輩をたくさん引き連れてたりするから、組にしてみれば、彼らを

ヤバい人たちの共通点ってありました？

寂しがり屋が多いです。
あとはクリスチャン ルブタン好きが多いとか（笑）

入れたらめちゃめちゃ有利になるじゃないですか。だから、なんとか入れようとするんだけど、絶対入らないって言ってました。

せいじ でも、つながってたりするんでしょ、ちゃんと。上納金的なものも納めてるやろうし。

真鍋 納めてる人もいますけど、ある半グレはヤクザに監禁されて24時間正座させられるような拷問を受けたけど、それでも「絶対やらない」って断ったそうです。その分、お金で勘弁してくれって感じで。

せいじ 半グレにしてみれば、ヤクザになるメリットなんかないもんな。

真鍋 彼らは若いし、情報がまわるのもすごく早い。組織の命令や暴対法とかの法律規制も関係ないから、なんでもすぐパッと動ける。半グレの人たちに言わせれば、「逆にヤクザになるメリットってなんだよ」って感じ。ヤクザになったら上の人の言うことは絶対だし、掃除や電話番から始めなきゃならない。もう大変ですからね。それに、今の時代はヤクザになっちゃうとデメリットがすごく大きい。銀行口座も作れないしクレジットカードも持てない。ゴルフ場にも入れないから、沖縄のヤクザなんかは米軍関係のところに行ってゴルフをするらしいです。

せいじ ホテルに泊まるのに他人名義のクレジットカードを使って詐欺で捕まったりするもんな。

真鍋 はい。ただ、若くてそこまで力もない人に詐欺とかをやってる半グレは、騙した相手とトラブルになったときに自分を守る方法がなんにもないじゃないですか。そういうときにヤクザに頼ると、そのまま取り込まれちゃうってことはあるみたいです。

せいじ それにしても、こうやって聞くと、これからのヤクザって本当に厳しそうやな。

真鍋　そう思います。

せいじ　ヤクザの世界でも半グレの世界でも、結局、ちゃんとした奴が出世しよんねんって話やな。人望があって、上からも下からも信用がある奴じゃないと、最後は駒として切られるだけやろうしね。

真鍋　そうかもしれないですね。

せいじ　ところで、たくさん見てきた中でヤバい人たちの共通点って、なんか気づいたことってありました？

真鍋　寂しがり屋が多いです。そしてめちゃくちゃモテます。みんな彼女がかわいい。オスとして強い遺伝子を感じ取るんですかね？　あとはクリスチャンルブタン好きが多いとか（笑）。

せいじ　やっぱり、どんな世界でも上に立つような奴は人としての魅力があるんやろうな。

真鍋　それと、みんなとにかく身体を鍛えてます。特に若い人たちは、お酒も飲むんだけど、どこかストイックなんです。

せいじ　半グレはストイックやし、最近だと健康オタクみたいな奴もいるみたいだね。その点、ただのヤクザは意外とだらしない奴が多い。クスリ好きやったりとか。半グレってクスリ好きな奴は少ないイメージ。

真鍋　そうかもしれないです。

せいじ　真鍋先生は、そういう人たちばっかりと会ってて、なんか影響を受けることってなかったんですか？

真鍋　それはあんまりないですね。あ、財布がルブタンになりましたけど（笑）、そのくらいです。やっぱり、自分は絶対、その世界にはいられないなっていうのがあるんで。取材者として会ってますけど、あの世界観には入れない。カモられて終了です（笑）。

裏社会で台頭する外国人グループ

せいじ　最近はヤクザが締め付けられている一方で、半グレと同じくらい外国人グループも注目されてるけど、あれってどうなん？

真　鍋　今の裏社会は「三国志」みたいなもので、旧来のヤクザ、若い新興勢力の半グレ、それと外国人グループが群雄割拠してるイメージですね。外国人についてはあまり詳しくないですけど、聞いてみると歌舞伎町とかには客引きの黒人がいっぱいいるじゃないですか。あれって全部ナイジェリア人だそうです。本人たちは女を口説くときに「アメリカ人」とか「ロサンゼルスから来た」とか言ってごまかしてるんだけど、そのほうがモテるかららしい（笑）。ただ、ナイジェリア人ってビザがちゃんとあるから、トラブルには強いんです。他の韓国人や中国人のグループと揉めても、そっちのグループは不法滞在で来てる人も多いから、喧嘩しても負けないらしいんですよ。結局、ビザがないほうが逃げちゃうって話を聞きました。

せいじ　なるほど、立場が強いんや。六本木や歌舞伎町の客引きにナイジェリア人が多いんはそういうことやったんか。

真　鍋　そのナイジェリア人を機械的にヤクザが仕切っているっていう構図がある。彼らはストリートを重んじていて、日本で言う縄張り意識も強いから、わりと言うこと聞くらしいんですよ。だから上に立つヤクザの人たちもすごく使いやすい。それに、彼らがボッタクリの客引きをして警察に訴えられたりしても、「黒人を差別するのか」って、大使館レベルが動くこともあるらしい。警察ってそういう差別みたいな批判には敏感ですからね。
せいじ　むちゃくちゃやな、もう。
真　鍋　外国人グループによるボッタクリの被害額は50億円を超えると言われてるらしいです。
せいじ　その金はどこに行ってるんや？　地下銀行とかを経由してアフリカに送金されてるとか。
真　鍋　それは地元のヤクザが管理してるんじゃないですか？　半グレとかとの関係はあんまり聞かないです。
せいじ　そうか。自由に動く半グレに、不良外国人の管理なんて無理そうやもんな。ところで半グレって、どんな子らがなってるの？　よく言われるように、もともと貧乏な子が多かったりするんかな。
真　鍋　基本的にはみんな若いし、お金を持っていないイメージはありますね。もちろん、中には親がお金持ちっていう人もいるんですけど。ただ、ひとつ言えるのは、彼らにとって、お金ってやっぱり「力」なんです。
せいじ　今の時代、不良にもいろいろおるもんね。真鍋先生のちょっと下くらいの世代だと、元々は東大出やのに、ダイヤルＱ２で財を成した人とか、今流行りのＩＴの社長さんやらなんやらもおるし。もし家が貧乏で教育受けてなくても、やっぱりうまいこといく奴って頭いいですよね。ホリエモン（堀江貴文氏）が「社長は東大出か中卒が多い」って言うてたけど、不良の世界もなんとなく同じ気がするわ。
真　鍋　アタマはめちゃくちゃいいと思います。地頭っていうんですか？　不良の世界だってやっぱり競争じゃないですか。他人の踏み台になる奴と、周り全部を踏み台だと思って上を目指している奴では、やっぱり違います。頭がいいから、バカな人間の下では働きたくないと思うし、だから

闇金ビジネスって
まだ成り立ってるんかな？

自分で起業するっていうことになる。

取材相手の半グレが「これから殺しに行く」

せいじ　これまでの取材で、強烈に印象に残ってる話ってありますか。

真　鍋　取材に行ったら「これから殺しに行く」みたいなことを言う人がいて、あれはすげえ怖かったです（笑）。

せいじ　おお！

真　鍋　もともと知り合いってわけじゃなくて、あるとき、歌舞伎町で資料写真を撮影していたら、たまたまそこを歩いてたヤカラの人に「オマエ、なに撮ってんだ！」ってすごい勢いで怒られたんです。そのときは正直に「漫画の撮影です」って言ったら、僕の漫画を読んでてくれたみたいで「背中にサインしてくれ！」って流れからお酒まで奢ってもらったんですね。後日、その人が僕のサインをフェイスブックに上げていたんですが、以前に取材した人がそれを見て、「あの人と、もう会わないほうがいいぞ」って忠告してきたんです。実はその人の噂自体は、僕も以前からいろんなとこで聞いていたんです。連絡してくれた人もそうだし、たまたま取材した風俗嬢からも、エグいストーカーをされたって話を聞いていて、「絶対、付き合わないようにしよう」って思ってた。そのぐらい東京の裏社会では有名人で、もう40歳ぐらいなんだけど、覚せい剤をやってるのか言葉も通じないし、とにかくヤバいって噂だったんですけど、まさか偶然知り合ったのがその人だったとは（笑）。

せいじ　怖っ。

真　鍋　まだ、『ウシジマくん』が全然売れていなかった頃だと、取材をしても僕の漫画自体を知らないから、いきなり上から来るような人も多かったですね。強引に飲みに連れていかれて、「じゃあロマネ・コンティ2本頼んでいい?」とか言われて、「えーっと、じゃあ、こっちの安いのでいいですか?」って逃げたり。その人とはさすがに関係を切ろうと思って、電話がきても出ないようにしてたんですが、そのうちお悔やみの電報が届いたり、冷凍カニとかの生モノが届いたりして(笑)。それでもずっと無視して1年くらい経ったころ、かかってきた電話に気づかず出ちゃったんです。当然、「友達なのに、なんで電話出ねえんだよ!」ってなって、どうしても会わなくちゃいけなくなった。仕方なく歌舞伎町で人気の鍋料理屋さんを予約したんですが、店に着いたら2階のお座敷に他の客が誰もいなくて、相手の男が一人で仁王立ちしてた(笑)。こっちも「何これ?」って思いながら、そのままお互い立ったままにらみ合って、その間も鍋だけがグツグツ煮詰まっていくという(笑)。

せいじ　わははは、すごい時間や。

真　鍋　それでも、なんとか座って話し合いましょうってなったんですが、こっちも弱みを見せたらマズいんで、「自分は毎週、週刊で漫画を描いていて、たくさんの責任を背負ってる。自分はお酒が弱くてすぐ潰れちゃうので、あなたに付き合って朝まで飲んでダメになったら編集者や出版社、印刷会社とか、いろんな人に迷惑かかる。それに『友達、友達』って言うけど、そういう上からくるのって友達なんですか?」って、冷静に話をしました。

せいじ　相手はそれで納得したん?

真　鍋　そこでは微妙なままだったけど、とにかくもう一軒行こうかって誘われて店を出たんです。で、もうこの頃には漫画も知られていて、ちょうど最初の映画の公開日が迫っていたんです。で、歌舞伎町の一角に『ウシジマくん』の宣伝ポスターがズラッと貼ってあったんで、その通りを一緒に歩きながら、「あの、こういうことなんです」って言ったら、「お前、スゲエな！」ってさすがにビックリしたようで、その後は激しい電話はなくなりました。まあ、絵文字の付いたメールはやたらくるんですけど（笑）。

せいじ　あるあるなのかわからへんけど、こういう人たちって、やたらLINEとかメールとかマメな奴が多いらしいよね。きっと、着信があったら何分以内に返すとか、マメに連絡をしないと上の人がすぐブチ切れるから、癖がついてるんやろな。

真　鍋　彼らは、こっちが思ってる以上に「仲間」や「友達」みたいな結びつきを大事にするみたいです。身内に対しては家族感が強いのかもしれません。

せいじ　でも半グレの仲間内の上下関係って、やっぱりヤクザとは違うんやろか。たとえば芸人の世界だと、どんだけ後輩のほうが売れてても、メシは先輩が奢るってしきたりがあって、貧乏な先輩芸人は無理をしてでも後輩に奢ってるんやけど。

真　鍋　僕が知る限り、そんな感じではありませんね。不良の世界では、やっぱり「シノギがうまくいって稼いでいる」「金を持っている」ってことが力なんです。だから、なんだったら稼いでいる後輩が先輩にごちそうすることで、周囲に「稼いでいるアピール」をしたりもする。

せいじ　上の人の誕生日にえげつない高級時計をプレゼントしたりとか。

真　鍋　金は力だし、お金持ってる人ってやっぱり周囲からもチヤホヤされるじゃないですか。そういう目立ちたい、評価されたいっていうのはこの世界でも共通なんじゃないですかね？　立場が弱い人はやりすぎると目立って標的にされてカモられますが。

芸人と裏社会

真　鍋　ところで、せいじさんは今もアフリカとかはよく行かれるんですか？

せいじ　行ってます、行ってます。ホンマ、アフリカとか漫画にしたら面白いと思うわ。嘘ばっかりやもん、現地の部族とか。普段はｉＰｈｏｎｅとかを使ってるのに、テレビが来て「撮影しまーす」って言うたら撮影用の格好に着替えてくるからね（笑）。

真　鍋　今日は僕もせいじさんにお聞きしたいことがあったんです。今の時代、タレントさんってて結構生きづらいじゃないですか？　テレビってすごく規制が多いイメージですし、プライベートだってコンプライアンスにも気を使わなきゃいけないとか。その辺のやりづらさって感じるんですか？

せいじ　そりゃあ周りにヤクザとか半グレとかはいないほうがいい。まあ僕らも、たとえ昔の知り合いでも絶対に付き合いは解消する。それは別に不自由でもなんでもないわ。飲んでて絡まれることもあるけど、そんな奴は相手にせえへんかったらいい。

真　鍋　写真撮影とかを頼まれたらどうするんですか。

せいじ　今は半グレだろうがヤクザだろうが、普通の恰好してるからパッと見ただけではわからんもんな。確かによく「一緒に写真撮ってください」って言われるけど、今はもう基本的には撮らへん。撮るのはそのお店の人ってわかるユニフォームを着てたり、明らかに学生さんとかとは撮るけど、どこの誰だかよくわからない人とは撮らへんもの。そうそう、あとは銀座とかの店で、会計のときクレジットカードじゃなく現金で何十万円も支払ってる人とも撮らへんようにしてる。

真　鍋　せいじさんみたいにこんなに知名度があっても、芸人さんってだけで、上から絡んでくる人とかもいますよね。

せいじ　ようあります。たとえば、「せいじより俺のほうがオモロイ」とか言ってくる奴とか。まあ、「俺より結果出せるんやったら、すぐに芸人なったほうがええ。絶対に給料は今よりええから」って言うけど（笑）。

真　鍋　あはは。

せいじ　あとね、オネエチャンがいる飲み屋とかだと顔を知られてるからチヤホヤされるでしょ？それ見てヤキモチ妬くおっさんも面倒くさい。「あんな奴、大したことないで」とか、わざと聞こえるように言うてくる。こっちにしてみれば「お前が一生懸命口説いてる女なんかまったく興味ないから、そっちはそっちでやっとけ。お前に魅力ないからこっちに興味持っとんねん。俺に興味持たさんように、お前がもっと頑張れ」って思ってますけど（笑）。

半グレの世界はこれからどうなる

せいじ　それにしても、ヤバい話をいっぱい聞いたと思うんですが、これを描いたらマズいかもって話もあったと思うんですが。

真　鍋　そこは自分で「これは描いたらまずいかな」っていうのは、考えて線を引いてました。

せいじ　やっぱり先生はプロいうことやね。アマチュアや自分の手柄が欲しいだけの編集者や作家やったら、なんでも出しよるし、なんなら想像まで入れて描きよるからね。自分で律しなければ、15年間も続けるのは無理やもんね。

真　鍋　たぶん、溝口敦さんのようなノンフィクションの作家さんとは違って、漫画という物語を描くためだったからできたのかもしれません。

せいじ　ノンフィクションの人だと、彼らを取り締まる警察なんかも取材するんでしょうけど、真鍋先生はどうでしたか？

真　鍋　僕は警察側はあんまり取材してないです。ただ、ある地方で風俗をやってるヤカラの人は「毎月お金渡して、それで捕まらんようにしてる。だからここは警察官でもロレックスしてるよ」って言ってました。あとは歌舞伎町の有名なホスト店の社長さんを取材したときも、「もうヤクザとは付き合いはない。なんなら、うちのバックは警察だ」って言ってました。これは別に賄賂とかじゃなくて、警察の人たちが飲み食いしたり宴会とかに使うって感じでしたけど。

せいじ　警察より大きい話で言えば、このところ国がマイナンバー制を導入したこともあって、お金の流れがどんどん管理されやすくなってるじゃないですか。そうなると当然、裏社会でもお金の流れは難しくなる。彼らはそういう対策とかって考えたりしてるんですか？　少なくとも「闇金」みたいな裏ビジネスは難しくなると思うんですけど、今は闇金ビジネスってまだ成り立ってるんかな？

真　鍋　まだあります。東京だと池袋とかにいっぱいいますよ。ただ、昔みたいに派手に新規顧客を開拓はしてなくて、相手は昔ながらのお客か、その紹介だけとか。もう無作為に新しい人に貸したりはしてないみたいです。

「これは描いたらまずいかな」って

せいじ　闇金もサラリーマン化してるというか、非合法と言いつつ、利用してる人にしたらもう合法にしてもらわなかなわんということですか？

真　鍋　もうそこからしかお金が借りられない人もいるわけですからね。

せいじ　たとえば『ウシジマくん』の連載を始めてから、これまでの間で闇金のビジネス自体はどういう風に変動したんでしょう。昔はもっとたくさんあった印象があるんやけど。

真　鍋　昔、最初に闇金を流行らせた人たちは、どんどん商売を鞍替えしてるようです。漫画ではそこは変えられないから、漫画の設定は大変でした。

せいじ　そうか。本当なら、こいつらは稼げれば闇金だけにこだわらないから、どんどんシフトチェンジするってことですね。じゃあ先生、もう闇金自体はビジネスとしては終わってるっていうことですか？

真　鍋　世間を騒がせるような大規模なものはそうですね。

せいじ　今だとどうしたってリスクに対して儲けが少ない。裏ビジネスとしては成長産業じゃないってことか。

真　鍋　都会で細々と残っていくくらいだと思います。ただ、地方だと沖縄なんかはまだいっぱいいますね。闇金の人は作業着でバイク乗って、集金しに行ってるんですよ。カモフラージュで。引き渡しも普通にスーパーとかでやったり、お金を自動販売機の下に置いといてやり取りしたり。もし、それを誰かに取られちゃったら、借り手側の責任になるみたいな感じでお金のやり取りをしてる。沖縄は独特で、ほんとにすごかったです。

沖縄と福島と名古屋

せいじ　沖縄以外だと、どんな場所が印象に残ってます?

真　鍋　福島県にも取材に行きました。東日本大震災があって原発事故が頻繁にニュースになってた頃ですが、どこで測っても線量が高くて、あちこちで地元の人たちが除染作業をやっていて。外部被ばく線量を測るためのガラスバッジを、普通に生活をしている地元のちっちゃい子供たちがしているのを見たときに、人体実験されてるみたいで憤りと怖さを感じて、そしてとても悲しい気持ちになりました。

せいじ　原発関連だと、たとえば事故を利用してうまく稼いでる団体もたくさんいたと思うんやけど。

真　鍋　いましたね。ただ僕の場合は、原発作業員に会って話を聞きたいと思ったんです。危険な作業で大金を稼いで、地元で豪遊してるっていう話を聞いたので。でも、行ってみたらどこの飲み屋にもいなくて。「なんで?」ってタクシーの運転手さんに聞いたら、ちょうどスナックで強姦事件があって、東電が原発作業員に街飲みの禁止令を出したからって言ってましたね。荒れていた時期は、かなり荒れてたみたいです。

せいじ　僕もその頃、福島に行ったんですが、まだ原発作業員がいっぱいいて、ホテルもパンパンやった。で、ほんまに先生が言わはった通り飲みに出たりせずに、みんな大部屋で飯食って、大部屋で寝てたわ。街中に作業員が飲みに出てないのは、そういうことやったんでしょうね。

真　鍋　沖縄や福島は、ある意味で特別な環境ですが、普通の都市で言えば、最近は名古屋がすごかったです。

せいじ　名古屋がバズってる（笑）。当然、ヤクザも半グレも多いんやろうけど。

真　鍋　裏社会の層が厚いっていうのか、皆すごかったです。金回りも存在感も、とにかく勢いがあって。たとえば取材した人が、「コイツさあ〜、お父さんがお母さんに殺されてんだよ」って笑顔で喋ってくるんですよ。いきなりどんな挨拶ですか⁉ っていうところから始まって、さらにすごい人たちがどんどん集まってくるっていう感じでした。

せいじ　そうやって公言しても、生きていける街ということですよね。大阪とか東京でそんなこと言うてたら肩身狭いし、飯も食われへんもんな。

真　鍋　そんな調子でどんどん不良の人が集まってきて（笑）。面白かったですけどね。

せいじ　じゃあ今後、『ウシジマくん』でも名古屋が舞台になる話も出てくる？

真　鍋　それが、『ウシジマくん』の連載は終わっちゃったんで、もう描かないですね。最近は次に始める新しい連載の取材をやっているので、その世界の新しい情報はあんまり入ってこないですし。

せいじ　そうなんか。それは残念やなあ。でも、こんだけディープな取材をしたからこそ、本当に細かいところまでリアルな作品が生まれたってことはよくわかりました。

真鍋昌平（まなべ・しょうへい）
漫画家。2004年より『ビッグコミックスピリッツ』で連載していた『闇金ウシジマくん』が2019年完結。現在次回作を準備中。

あとがき

今日も世の中はエラい勢いで動いています。本書を作っている間に、元号も平成から令和に変わりました。

ずいぶんと便利な時代になって、僕が子供の頃にはなかったスマホは生活の必需品になり、たいていのことならネットを調べれば事足りてしまいます。

便利になるのは大歓迎です。でも、今の時代はあまりに情報が多すぎて、かえって混乱することも多いし、ネット上では同調圧力が強くて息苦しさを感じる場面も増えています。

そんな時代に改めて思ったのが、やっぱり実際に人と会って話をすることの大切さ。相手の顔を見ながら話を聞いていると、自分が思ってもいなかった発見があったり、新しい疑問が出てきたりもします。

物事にはいろんなものの見方があって、わかりやすい正解があるほど単純ではありません。その意味でも、この本を通じてたくさんの人たちに話を聞けたことは、本当にいい経験でした。

疑問を持つのに頭がいいとか悪いとかは関係ありません。わからなければ、どんどん詳しい人に聞けばいいんです。本書を読めばわかる通り、本当に頭のいい人は、僕みたいなアホにだってちゃんとわかるように教えてくれますから。

僕は明日からも、仕事があれば世界中のどこにだって出かけていくと思います。でも、必ず帰ってくるのはこの日本だし、そのたびに思うのは、やっぱり僕はこの国が好きなんだっていうこと。大切な家族や大好きな人たちがいて、仕事があって、自分が触れてきた文化や空気みたいなモンもある。

もちろん「アホやなあ」「嫌いやわ〜」「なに考えとんねん！」とツッコミたくなるようなことも多いのですが、そんなところもひっくるめて、やっぱり好きなんです。

話を伺った専門家の方たち

髙橋洋一（たかはし・よういち）

1955年、東京都生まれ。東京大学理学部数学科・東京大学経済学部経済学科を卒業。博士（政策研究）。1980年に大蔵省（現・財務省）入省。大蔵省理財局資金企画室長、プリンストン大学客員研究員、内閣参事官等を歴任した。第一次安倍内閣では、経済政策のブレーンとして活躍。「霞が関埋蔵金」の公表や「ふるさと納税」「ねんきん定期便」などの政策を提案。著書に『さらば財務省！』（講談社）、『「消費増税」は嘘ばかり』（PHP研究所）、『日本の「老後」の正体』（幻冬舎）など多数。

小川和久（おがわ・かずひさ）

1945年、熊本県生まれ。陸上自衛隊生徒教育隊・航空学校修了。同志社大学神学部中退。地方新聞記者、週刊誌記者などを経て、日本初の軍事アナリストとして独立。外交・安全保障・危機管理の分野で政府の政策立案に関わり、国家安全保障に関する官邸機能強化会議議員、日本紛争予防センター理事、総務省消防庁消防審議会委員、内閣官房危機管理研究会主査などを歴任。2012年4月から、静岡県立大学特任教授として静岡県の危機管理体制の改善に取り組んでいる。

木曽崇（きそ・たかし）

1976年、広島県生まれ。国際カジノ研究所所長。ネバダ大学ラスベガス校ホテル経営学部（カジノ経営学専攻）卒業。米国大手カジノ事業者での会計監査職を経て、帰国。2004年、エンタテインメントビジネス総合研究所へ入社。2005年、早稲田大学アミューズメント総合研究所へ一部出向。2011年に国際カジノ研究所を設立、所長に就任。近著に『「夜遊び」の経済学』（光文社）。

吉野敏明（よしの・としあき）

1967年、神奈川県横浜市出身。1700年代から続く鍼灸・東洋医術の家系の11代目。歯科医師・歯周病専門医、日本歯周病学会指導医・評議員、歯学博士。1993年岡山大学卒業後、東京医科歯科大学歯学部歯科保存学第二講座（歯周治療学）入局。2006年、誠敬会クリニック歯周病インプラントセンター開設。現在は医療法人社団誠敬会会長、誠敬会クリニック銀座院長、医療法人桃花会 一宮温泉病院理事長、東京医科歯科大学非常勤講師、昭和大学歯学部兼任講師を務め、東洋医学と西洋医学と医科歯科を包括した治療を行う。

宇佐美典也（うさみ・のりや）

1981年、東京都生まれ。暁星高校を経て、東京大学経済学部卒業後、経済産業省入省。企業立地促進政策、農商工連携政策、技術関連法制の見直しを担当したのち、新エネルギー・産業技術総合開発機構（NEDO）にて電機・IT分野の国家プロジェクト立案およびマネジメントを担当。2012年に退職。太陽光発電・半導体等に関わるコンサルティングの傍ら、メディア出演、著述活動に勤しむ。著書に『逃げられない世代』（新潮社）等。岡山県立大学客員准教授。

ニッポンどうなん？
プロに訊いたら驚いた！

2019年7月8日　初版発行

著　　者　千原せいじ
発 行 人　松野浩之
編 集 人　新井治

構　　成　常松裕明（清談社）、青柳直弥
編　　集　岡﨑雅史（清談社）、太田青里
編集協力　ふくどめタカヒロ
デザイン　セキネシンイチ制作室
カバーイラスト　村田らむ
撮　　影　江藤海彦
D T P　西本レイコ（ワーズアウト）
協　　力　上野友行
マネジメント　小早川大亮
営　　業　島津友彦（ワニブックス）

発　　行　ヨシモトブックス
〒160-0022
東京都新宿区新宿5-18-21
03-3209-8291

発　　売　株式会社ワニブックス
〒150-8482
東京都渋谷区恵比寿4-4-9　えびす大黒ビル
03-5449-2711

印刷・製本　シナノ書籍印刷株式会社

ISBN 978-4-8470-9732-4